EXCURSIONS

EN

CHAMPAGNE ET EN BRIE

(OCTOBRE–DÉCEMBRE 1892)

PAR UN RÉMOIS *(Jadart)*

Sézanne. — Flamboin. — Provins.

Montmort. — Baye.

Troyes.

REIMS

Librairie F. MICHAUD, Éditeur de l'Académie

19, RUE DU CADRAN-SAINT-PIERRE

—

1893

EXCURSIONS

EN CHAMPAGNE & EN BRIE

Extrait de la *Revue de Champagne et de Brie*, 1893.

EXCURSIONS

EN

CHAMPAGNE ET EN BRIE

(OCTOBRE-DÉCEMBRE 1892)

PAR UN RÉMOIS

Sézanne. — Flamboin. — Provins.

Montmort. — Baye.

Troyes.

REIMS

Librairie F. MICHAUD, Éditeur de l'Académie

19, RUE DU CADRAN-SAINT-PIERRE

—

1893

EXCURSIONS

EN

CHAMPAGNE & EN BRIE

PAR UN RÉMOIS[1]

(Octobre-Décembre 1892.)

—————→>×←————

AVANT-PROPOS

—

Au Lecteur champenois.

Sous ce titre, nous avons réuni trois récits d'excursions vers des points opposés de notre vieille province, vers Sézanne, vers Provins et vers Troyes. Entrepris sans plan préconçu, ces petits voyages ont aussi amené la visite de trois châteaux d'un réel intérêt historique, ceux de Flamboin, de Montmort et de Baye. Nous les avons décrits avec non moins de plaisir que les trois villes citées plus haut, et nous offrons aux amateurs champenois le fruit de nos investigations. Que chacun nous imite, et de la sorte s'étendra la connaissance des lieux et des monuments qui doivent nous toucher le plus, ceux qui sont les plus voisins de nos études et de nos recherches communes :

> *Objets inanimés, avez-vous donc une âme,*
> *Qui s'attache à notre âme, et la force d'aimer ?*

Jusqu'ici nos explorations s'étaient renfermées dans un cercle plus restreint, dans la limite de la région ardennaise et des environs de Reims. Il fallut une occasion exceptionnelle pour nous en faire sortir, mais, une fois le premier pas franchi, à trois reprises nous avons succombé à une tentation répondant à nos secrets désirs et nous entraînant à parcourir quelques recoins de la Brie et de la Champagne méridionale. Comme le rat voyageur, l'aspect de ces contrées nouvelles nous charma :

1. Lectures faites à l'Académie de Reims, dans les séances des 23 décembre 1892, 27 janvier et 10 février 1893, mentionnées dans le compte-rendu des travaux de l'année, lu dans la séance publique du 6 juillet 1893.

1

Sitôt qu'il fut hors de la case :
Que le monde, dit-il, est grand et spacieux !
Voilà les Apennins, et voici le Caucase !

Pour des monts de Champagne, le Mont-Aimé, la forêt d'Epernay et les coteaux de la Brie n'ont-ils pas, en effet, quelque prestance ? Mais que dire des monuments et des remparts de Provins, des églises de Troyes, des riches châteaux voisins, des collections et des musées qu'ils renferment ! Comment négliger les impressions recueillies durant une rapide visite à ces témoins encore debout des âges lointains et toujours glorieux ? Comment se refuser à en communiquer le récit à ceux que l'on a quittés un instant ? C'est un devoir d'amitié, une loi de confraternité :

Trois jours au plus rendront mon âme satisfaite ;
Je reviendrai dans peu conter de point en point
*   Mes aventures à mon frère ;*
Je le désennuirai. . . . .

Ces rêves présomptueux d'un touriste enthousiaste, ces projets généreux et remplis d'écueils, nous les poursuivons ici dans un but modeste en rapport avec nos goûts et nos plus chers desseins. Nous livrons le fond de nos carnets à nos compatriotes pour les instruire et les intéresser à la cause du passé de notre province, stimulés que nous sommes par la vue de ses monuments, la beauté de son histoire et de ses souvenirs. Peu importe la forme incomplète de ces récits, composés pour eux seuls, écrits à la hâte et nullement exempts, sans doute, d'inadvertances et d'erreurs : ils nous les pardonneront, séduits et enchantés comme nous par la perspective indéfinie des merveilles de l'art en Champagne. C'est notre espoir de faire oublier les fautes de détail et les misères de la route par la sincérité des relations et par une vue d'ensemble qui suscitera en tous lieux une généreuse émulation.

Henri JADART.

Reims, le 27 décembre 1892.

CHAPITRE PREMIER

Excursion de Reims à Provins, par Sézanne et Flamboin.

(22-25 octobre 1892.)

Vita punctum fugax.

Si nous gardions la vieille habitude de noter au jour le jour nos observations de touristes et même nos simples remarques d'amateurs, nous amasserions pour les érudits de l'avenir des trésors dont ils nous seraient reconnaissants. Mieux encore, en communiquant dès maintenant au public ce que ces notes personnelles ont d'original et de vraiment utile, nous contribuerions à propager une féconde activité pour la recherche et l'étude de nos antiquités. Il en est d'un voyage comme de la vie : c'est l'affaire d'un moment, et si l'on n'a pas profité de ce court espace pour fixer ses souvenirs, l'oubli étend son voile sur eux comme sur nos plus méritoires projets. De même que nos ancêtres écrivaient leurs livres de raison, et nous ont ainsi transmis tant de notions précises sur leur existence, de même nous devrions tenir nos livres de voyages pour ne rien laisser perdre des miettes recueillies sur la route.

Ce n'est pas qu'il faille s'attendre à voir paraître couramment des *Itinera* à la façon des Bénédictins. Nous n'avons pas leur habitude de savoir travailler mûrement aux étapes du chemin, et même nous n'avons plus d'étapes. On voyage aujourd'hui si rapidement et si facilement que l'on ne veut rien manquer et que l'on effleure tout. A moins d'être chargé d'une mission et par conséquent d'un rapport, on approfondit rarement hors de chez soi l'examen d'un monument ou d'un dépôt d'archives. Pressés de partir, pressés de revenir, pour nous la visite d'une ville est un arrêt entre deux trains, et le rêve du lendemain c'est de courir vers un autre but avec la même hâte et autant de satisfaction passagère.

Cependant, puisqu'il faut s'accommoder aux mœurs de son époque, ne désespérons pas de glaner une gerbe d'épis dans nos haltes de quelques minutes. Nous travaillons vite, mais souvent à point en un temps relativement court, et c'est là notre progrès sur les anciennes habitudes. Comme le géologue dont le coup d'œil a jugé un banc coquillager avant que son marteau n'ait brisé la première assise, ainsi l'archéologue moderne a pénétré dans l'histoire d'un édifice dès qu'il en a fait le tour et apprécié le caractère général. Il a vu tout ensemble les vestiges de l'époque la plus reculée, l'œuvre des âges successifs, les mille détails d'art et d'histoire qui en font la vie et l'intérêt. Pourquoi ne consignerait-il pas sur un carnet ses fugitives impressions, afin d'en faire profiter les antiquaires étrangers comme ceux du pays? Suivant la tournure de son esprit, il y joindrait quelques traits de mœurs saillants, quelques critiques d'abus invétérés ou d'impardonnables négligences. Ce seraient là autant de services rendus à la cause de l'art en province.

On nous objectera l'inutilité des travaux de ce genre, sous prétexte que les Guides-Joanne sont complets et qu'il est oiseux de s'attarder aux descriptions d'antan. Sans doute, les Guides-Joanne sont complets, mais cela n'empêche qu'on y trouve des pages qui fourmillent d'erreurs. On peut donc les rectifier. Sachons toutefois reconnaître qu'il est rare d'avoir à mettre en lumière une chose totalement inconnue dans une région, et qu'il est plus rare encore d'improviser en un instant un commentaire de quelque valeur. Il faut d'ailleurs laisser aux érudits locaux la tâche et le devoir d'interpréter leurs monuments, mais n'est-ce rien de stimuler leur zèle, de signaler à leur attention un détail qu'ils jugent mesquin à force de le voir : *Consueta vilescunt*? Une ligne, un mot peut ainsi ouvrir la voie, préparer ou divulguer une découverte. Et ces mille petits témoins de l'histoire que l'on oublie dans les relevés officiels, n'est-ce rien d'en constater la présence dans les églises, dans les musées, au coin des rues, sur les façades de maisons particulières qui vont être demain recrépies, badigeonnées ou abattues? Quel service que de décrire, même très sommairement, ces peintures et ces sculptures reléguées dans les greniers, c'est-à-dire fort peu appréciées par suite du caprice de la mode, ces croix en fer forgé exposées à l'incurie ou à d'indignes traitements, ces cloches gothiques que guette le fondeur, ces épitaphes usées par le frottement, ces inscriptions quelconques, débris méprisés et susceptibles de disparaître au gré du maçon ou du balayeur !

Les Guides-Joanne, d'ailleurs, n'ont pas tout exploré, et le hasard amène de si curieuses rencontres! Ici une main vigilante décrit un objet précieux à la veille de sa ruine, et cette unique intervention le préserve de l'abandon ou de l'aliénation, car pour conserver les œuvres d'art là où elles ont été créées, il suffit parfois d'en revendiquer hardiment les droits. Là, un prévoyant copiste transcrit un texte des siècles passés, et sauve ainsi pour l'historien une date et pour l'artiste une mention d'une inappréciable portée. L'action individuelle est donc la plus puissante de toutes. Ce ne sera pas la loi récente et si opportune sur les monuments historiques qui parviendra seule à les faire sauvegarder : ce sont les antiquaires qui pourraient, d'un commun effort, la faire prévaloir par leurs démarches, en s'inspirant de son esprit et en la faisant respecter eux-mêmes en tous lieux.

Telles sont les réflexions que nous suggérait hier une rapide excursion de Reims à Provins, à travers les confins de la Champagne et de la Brie. Nous l'entreprenions au cours d'un automne pluvieux, qui eût été bien fait pour décourager les touristes, si, d'une journée à l'autre, on n'avait pu espérer une éclaircie, un soleil radieux et d'autant plus dégagé de nuages qu'il était tombé la veille de plus abondantes averses. C'est ainsi qu'entre deux pluies torrentielles, nous avons joui du ravissant panorama de Provins dans toute la splendeur d'un ciel et d'une nature d'été. Le charme de ce but, longtemps désiré et si heureusement atteint, ne doit pas nous faire oublier les curiosités rencontrées à d'autres stations de la route, ni les renseignements recueillis sur quelques faits historiques tant à Sézanne, l'ancien chef-lieu de bailliage et de district, qu'au château de Flamboin, vaste domaine de la Basse-Brie, où nous attendait la plus cordiale hospitalité.

I. — SÉZANNE.

De Reims à Épernay, on traverse, à partir de Rilly, le massif forestier de la Montagne de Reims, dont le sommet et le versant sud sont occupés par le canton d'Ay. Inutile d'en décrire les sites et les monuments, puisque le *Répertoire archéologique* de ce riche canton vient d'être publié dans toute son étendue[1]. — D'Épernay, brillante ville moderne, il n'y a pas lieu de parler davantage, car les rares vestiges de son passé y restent bien connus et appréciés : à défaut d'une église monumentale, on y cite le petit portail Renaissance dont les fines sculptures sont attribuées, sans aucune preuve ni raison, au ciseau de Pierre Jacques, célèbre artiste rémois; les beaux vitraux du xvie siècle conservés dans le même édifice, et la

1. *Travaux de l'Académie de Reims*, 1892, t. LXXXVIII. — Ajoutons comme renseignement accessoire, fourni par M. Ad. Varin depuis cette publication, que les débris Renaissance de l'ancien portail de l'église de Tours-sur-Marne ont été transportés et encastrés dans la muraille d'une maison servant d'auberge sur la route d'Avize à Oiry.

tombe gothique d'une abbesse d'Argensolle[1]. Ce qui est moins connu du public, c'est la translation des débris de l'ancienne église dans le parc du château de Romont, où ils jouent l'effet de pittoresques ruines[2]. Ajoutons que tout près de l'église, le jardin de l'Hôtel-de-Ville a reçu divers motifs de façades démolies, et qu'à la Bibliothèque, au milieu d'autres richesses, on peut admirer le fameux Evangéliaire d'Ebon, dont M. Ed. Aubert a dessiné les plus belles pages[3].

D'Epernay à Sézanne, la région a été moins minutieusement décrite, sauf ce qui concerne Chouilly, dont M. l'abbé Barré a dressé en 1866 la complète monographie ; Avize, Oger, Le Mesnil, Vertus, Coligny, toutes ces charmantes localités assises au penchant de la Montagne, entre les forêts et les vignes, ont des monuments et des souvenirs qui attendent la plume et le crayon des artistes. Du côté de la plaine, il n'y aurait pas moins à rechercher de vestiges, à Bergères, au Mont-Aimé, dont les pentes boisées et le sommet isolé dominent toute la contrée, à Fère-Champenoise, à Pleurs ; mais Sézanne est le principal centre qui nous attire par son importance et son passé historique, son église et son Hôtel-Dieu.

La curieuse situation de Sézanne au point de vue géologique a été signalée par Elisée Reclus[4] ; son origine, ses annales, ses anciennes juridictions, ses sièges, ses incendies et ses reconstructions ont été résumés dans plusieurs notices intéressantes, les unes confondues avec les descriptions générales[5], et une seule, à notre connaissance, publiée à part en notre siècle[6].

---

1. Depuis notre passage à Epernay, un événement considérable pour son avenir monumental s'y est produit (novembre 1892). Son église paroissiale, d'une architecture si peu en rapport avec l'honneur et le passé de la ville, a subi des affaissements à l'intérieur qui vont nécessiter la construction d'un nouvel édifice. Déjà, plus de 300,000 francs ont été souscrits par la seule générosité des habitants (janvier 1893). Faisons des vœux pour que la future église soit construite dans le style de la Renaissance et abrite ainsi dignement les anciens vitraux et le charmant portail de 1540.

2. Romont, domaine de la famille Chandon, dépendance de la commune de Mailly, canton de Verzy, Marne.

3. Mémoires de la Société des Antiquaires de France, t. XL, p. 111.

4. Nouvelle Géographie Universelle, t. II, p. 705.

5. Excellente notice sur l'état ancien de Sézanne dans les Mémoires historiques de Baugier, et dans le Dictionnaire des Gaules de l'abbé Expilly, 1770, dernier tome. — Notices abrégées dans l'Annuaire de la Marne, années 1817 et 1819. — Cf. Histoire des villes de France par A. Guilbert, Paris, 1853, Champagne, p. 98.

6. Notice historique et topographique sur la ville de Sézanne, rédigée

Une étude sur les sièges de Sézanne au xv° siècle est due à l'un de nos érudits compatriotes [1]. Un autre travail tout récent et d'un genre spécial, consacré à la recherche des carreaux vernissés du moyen âge, a procuré à M. le baron Joseph de Baye l'occasion de nous faire connaître l'ancien Hôtel-de-Ville de Sézanne (aujourd'hui le *Café du Centre*), et d'en décrire la précieuse collection de carreaux épars dans son grenier [2].

Cette maison historique a gardé sa haute façade probablement reconstruite à la suite du terrible incendie de 1632 [3] et facilement reconnaissable entre toutes celles de la place de l'Église, par l'inscription gravée au sommet. On y lit ces quatre mots sur autant de cartouches :

POST TENEBRAS SPERO LVCEM.

Cette sentence, symbole de résurrection et d'espérance, accompagnait peut-être un cadran solaire placé aux environs; des pilastres cannelés garnissent l'intervalle des fenêtres et soutiennent la corniche qui supporte une toiture très élevée.

En regard de l'ancien Hôtel-de-Ville, de l'autre côté de la place que décore une fontaine, s'élève l'église Saint-Denis, véritable monument du xvi° siècle, malheureusement inachevé vers l'abside, et flanqué à l'ouest d'une tour massive et carrée, d'un style plus avancé mais d'un bel effet d'architecture, et dominant au loin la plaine [4]. Ce qui frappe le plus après le clocher, c'est l'élégant fenestrage de la nef et le portail latéral, auquel on accède par un double escalier surmonté d'une jolie

d'après les anciens auteurs et les modernes, sur des documents authentiques, par P. F. B***. *Sézanne, C. Songis*, 1837. vol. in-16 de 204 pages. Exemplaire relié à la Bibliothèque de Reims.

1. *Les sièges de Sézanne, Barbonne, Pleurs et Anglure en 1414, 1421, 1431 et 1432*, par Léonce Lex, archiviste de Saône-et-Loire, *Sézanne*, A. Patoux, 1883, in-12 de 17 p.

2. *Revue de Champagne et de Brie*, avril-mai 1882, *Carreaux vernissés de Sézanne*, p. 241-247, avec figures dans le texte et vue de l'hôtel de ville fournie par Plon, imprimeur à Paris, dont le père exerça l'imprimerie à Sézanne dans cette même maison.

3. *Le deplorable Embrasement et incendie de la ville de Cesane en Brie, avec la désolation universelle de ses habitans. — Jouxte la Copie Imprimée à Lion, pour François Yvra*, 1632. (Nouveau fonds, Bibliothèque de Reims.) In-8°, plaquette de 10 pages. Cette pièce n'est pas une relation historique, mais un sermon prononcé à l'occasion de ce désastre.

4. *Notice historique sur Sézanne, avec une Vue de la place et la perspective de l'église, Promenade d'un touriste dans l'arrondissement d'Épernay*, par Armand Bourgeois, 1880, p. 114 à 126.

croix en fer. A ce portail, dont la voussure est ornée de scènes en relief avec culs-de-lampes et dais, demeurent intacts les deux vantaux de la porte en bois primitive (1534), garnie d'une fine décoration de la Renaissance. Elle mériterait à tous égards une reproduction ou un moulage dont elle est digne pour ses gracieux détails et ses belles proportions. Des ornements la couvrent du sommet à la base : on y voit une suite d'arabesques, de feuillages, d'anges, de têtes d'anges, de médaillons et de sujets divers sculptés sur des bandes parallèles en hauteur. Au milieu, en largeur, court une inscription gravée sur toute l'étendue en lettres majuscules, dont quelques-unes sont peu distinctes. Voici, tel que nous avons pu le lire, ce texte qui donne la date du travail et les noms des marguilliers qui l'ont fait exécuter :

> LAN DE GRACE MILV°XXXIIII
> III.... DVRANT.... ROI A POVLET
> IEB... PE...... LE GRANT
> PROVISEVRS ET MARRIGLIERS
> DE LEGLISE DE CEANS
> CESTES PORTES ONT ESTE
> FAICTES.

L'an de grâce 1534, Jehan Durant.... Poulet, Jehan Pe... Legrand, étant proviseurs et marrigliers de l'église de céans, ces portes ont esté faictes.

A l'intérieur, l'église offre d'autres sculptures du même siècle et de la même valeur : d'abord le buffet du grand orgue avec sa tribune, une riche devanture et trois tourelles ajourées au sommet, puis un banc à haut dossier, placé sous le porche et offrant cette légende en une ligne à la partie supérieure ; un écusson mutilé se voit au milieu de l'inscription :

SAT SA FEMME ONT AVLMOSNE (*Écusson*) CESTE CHAIZE AVEC LE DANT LE 9 OCTOBRE 1578.

Sous ce porche, on voit aussi trois niches sur la muraille, garnies du plus gracieux entourage de sculptures de la Renaissance.

Si l'on jette les yeux vers la nef principale, on est frappé de son élévation et de ses proportions malheureusement arrêtées au chevet par un mur plat. C'est contre ce mur qu'est placé le maître-autel, surmonté d'un vaste retable en menuiserie, décoré dans le goût du dernier siècle et contenant une vaste toile représentant *La Nativité de Notre-Seigneur*. Au-dessus, s'étend jusqu'à la voûte une immense peinture offrant la scène de la *Transfiguration*; on lit au bas, à gauche, cette signature et cette date :

CARPENTIER PINXIT
DE TROYES. 1740.

Les fenêtres hautes de la nef, très larges et divisées par des meneaux, n'ont conservé que des fragments de leurs anciens vitraux du XVIᵉ siècle, le reste est garni de vitres blanches ; mais plusieurs sujets restent presque entiers dans la hauteur, principalement vers le nord, et l'on distingue çà et là plusieurs familles de donateurs dont les figures et le costume brillent encore dans toute leur fraîcheur. On y rencontre aussi des inscriptions assez nombreuses en lettres gothiques, particulièrement à la fenêtre de la première travée au sud près du chœur, et on lit la date de 1550 au bas de la fenêtre qui surmonte la chaire. Avant que les vents et les intempéries, ou la confection de vitraux neufs, aient dispersé ces précieux débris, il serait très opportun d'en relever les calques, et l'on serait étonné de ce qui subsiste dans ces panneaux de renseignements pour l'art religieux et pour l'histoire locale.

Quelques peintures isolées sont placées dans les chapelles qui ouvrent sur les bas côtés, du haut en bas de l'édifice. On remarque surtout, près de la porte de la sacristie, une *Vierge tenant l'Enfant Jésus*, toile moderne d'un gracieux effet, rapportée de Rome par le général Levaillant.

L'église actuelle de Sézanne, dédiée à Saint Denis, succédait à une église du XIIᵉ siècle dont il ne subsiste aucun vestige, elle a souffert elle-même tant de dégâts à la suite des sièges et des incendies de la ville que nous désespérions d'y trouver des inscriptions du moyen âge. Le pavé a été d'ailleurs renouvelé et n'offre plus de dalles funéraires, mais cinq inscriptions commémoratives ou épitaphes sont encore fixées aux murs et aux piliers des chapelles. Ces vieux textes nous attirent d'eux-mêmes par leur côté historique et littéraire, par tout ce qu'ils nous révèlent des mœurs des siècles passés, surtout par leur naïve expression de la foi vive de nos ancêtres, de leur sereine confiance en Dieu vis-à-vis de la souffrance et du trépas : c'est bien à leur école que la mort devient la grande leçon de la vie. Quand on songe que ces pieux monuments peuvent disparaître d'un moment à l'autre, par accident, par insouciance et par pure négligence, on voudrait en voir tous les textes transcrits pour former un recueil d'une inappréciable portée morale et historique. Mais la besogne du

copiste est longue et délicate, même pour les inscriptions des
derniers siècles. Voici ce que nous avons pu relever intégrale-
ment ou du moins analyser sur les murs de l'église de
Sézanne.

La plus ancienne inscription, qui date de 1608, est gravée
sur une plaque de marbre et fixée à 1m50 de hauteur sur la
muraille à droite du portail principal en sortant. C'est une
pièce poétique, moitié latine, moitié française, formant une
sorte de dialogue, composée par un médecin de Sézanne,
nommé Jacques Galien (nom prédestiné à cette profession), et
consacrée par lui à la mémoire de sa femme bien-aimée, pré-
maturément enlevée à son affection. Nous en donnons ci-contre
la reproduction entière, aussi fidèle que possible, sauf pour le
monogramme du bas qui offre, sur le marbre, les initiales des
deux époux enlacées l'une dans l'autre. Les caractères sont
très lisibles et ont été dorés. Ce texte offre assez d'intérêt pour
mériter d'être remis en pleine lumière.

De l'autre côté du portail, à la même hauteur, une autre
inscription, très longue, également gravée sur marbre, relate
la mémoire de Claude Prailly, qui fut pro-curé de la paroisse
Saint-Denis et mourut le 15 janvier 1651. Elle débute ainsi :
*Venerabili presbytero, Mro Claudio Prailly, huius ecclesiæ pro-
parocho, optime merito, tumulus.....* Suit une double pièce
en latin, empruntant à l'Écriture un éloge du défunt et retraçant sa carrière et ses bienfaits, puis vient la mention détaillée
de sa fondation en faveur d'un prêtre habitué et de la messe
du Saint-Sacrement..... *Estant lors,* dit le texte, *en charge
de marguilliers Maîtres Henry Du Chesne, conseiller et
advocat du Roy au Bailliage et Prévosté de Sézanne, Pierre
Bruchid, escuyer, aussi conseiller du Roy et président en
l'Élection et Iacques de Baussancourt, greffier auxdits Bailliage et Prévosté*[1].

Au pilier de la basse nef, du côté sud, sur la gauche à
l'entrée de la troisième chapelle, est suspendu un encadrement en chêne, contenant une plaque de marbre commémorative de Jacques Cordelier, écuyer, lieutenant général civil
et criminel de Sézanne, mort en 1650. Ce monument pourrait
provenir de l'ancien Hôpital de Sézanne, à en juger par cette

---

1. Il est question de Claude Prailly dans le procès-verbal de l'incendie
de Sézanne en 1632, où l'on dit qu'il ne reste dans l'enceinte de la ville que
trois maisons, « appartenant à MM. Claude Prailly, prêtre, Nicolas Allard,
grenetier, et Benjamin Cadet, élu, qui sont encore fort endommagées du
feu... » *Notice sur Sézanne,* 1837, p. 174.

Mᵉ Iacques Galien medecin, en memoire
de Renee Pasqvier sa femme qvi
deceda le 13ᵉ Ivillet 1608, a faict
dresser ce tombeav.

Si possent chari gemitvs resecare mariti
Tela necis, gelido non marmore clavsa jaceres,
Sed mors svrda meas spernit Renata qverelas :
Nec prece, nec gemitv fvriosa movetvr oborto.
Qvid licet in tanta moliri clade relictis
Lvctibvs, extendens dvplices ad sidera palmas,
Extemplo pro te persolvam vota precesqve.
Nil possvm Renata alivd, mihi vota svpersvnt,
Qv.e tibi dvlce mevm nvmqvam Renata negabo.

LES MANES.

Mere de dix enfans sovbz vn sainct mariage,
Vingt et devlx ans entiers hevrevze iav vescv.
Povrqvoy donc, cher amy, povrqvoy me plevre tv,
Je svis morte av seignevr, qve vevx tv davantage?

AVLX MANES.

Ta bonté, ta dovcevr, ton amovr et ta foy,
Qve je plains, qve je sens, qve iayme et qve iadmire,
Chère, aymable, constante et digne qvon sovspire,
Me rend morne, pensif, triste et plevrant svr toy.

Mors sepa — GI — rat vltro
           RP

INSCRIPTION DE L'ÉGLISE DE SÉZANNE

(Marbre noir. — Hᵗ 0ᵐ50. Lᵗ 0ᵐ16.)

mention qui suit l'énoncé des libéralités faites en mémoire de
Jacques Cordelier : *Francisco Cadet, Ludovico Faulrey,
advocatis... Prudentio de Poyvre, huiusce domus dispensatoribus.* Quoi qu'il en soit de sa provenance, l'inscription moitié
prose, moitié vers, est curieuse en ce qu'elle relate l'établissement de bancs et de sièges dans l'église aux frais de la veuve
du lieutenant général et en souvenir de lui. Voici en quels
termes ce don posthume est célébré, avec allusion aux fonctions du magistrat et à sa récompense dans l'éternité :

LECTORI

Has statuit sedes, quod nec cariosa vetustas
  Oblinat, æterno marmore duret opus.
Passant, qui que tu sois, qui verra cet ouvrage,
Voy dans ce magistrat l'excès de charité
Que la mort nous ravit au milieu de son âge.
Désirant son repos dedans l'éternité,
Sa prudence honora les sièges de Thémis,
Sa piété bastit des chaises à l'Eglise :
Ainsi tu dois penser que son âme est assise
Sur les throsnes que Dieu remplit de ses amis.

PERENNE SUB POLO NIHIL

Dans la basse nef du côté nord, au pilier voisin de l'entrée
de la sacristie, une plaque de cuivre (actuellement masquée
par l'une des stations du Chemin de la Croix) offre l'épitaphe
en vers français d'une personne morte à Sézanne, le 27 brumaire an III, et son nom, BLANCHET, est gravé transversalement, de manière à commencer chaque vers par une lettre du
nom. Des attributs sont aussi gravés en tête et au bas de la
plaque. — Il ne nous reste plus à signaler qu'un texte tout
récent, gravé sur un marbre noir appliqué au mur voisin de
la sacristie, à la mémoire de M. Louis-Hippolyte Bruyer, archiprêtre de Sézanne, décédé le 13 décembre 1865.

Nous en avons fini avec la trop brève relation que le temps
nous a permis de dresser en traversant ce monument, digne à
beaucoup d'égards, d'une complète description historique et
d'un inventaire minutieux de ses richesses artistiques [1].

Il en sera de même pour le reste de la ville, où, malgré les
désastres occasionnés par les incendies et les révolutions, nous
aurions aimé à retrouver quelques traces ou du moins l'em-

---

1. *Gustave Huot*, né à Sézanne le 30 mars 1839, graveur et peintre
héraldiste, élève de P. Lecomte et P. Maurou, a donné entre autres œuvres
de gravures figurant aux expositions : *L'Eglise Saint-Denis de Sézanne*,
eau-forte. Voir le *Dictionnaire biographique de la Marne*, par H. Jouve,
1893.

placement de ses anciens édifices. L'Hôtel de Ville, depuis la
Révolution, est installé dans une partie des bâtiments de
l'ancien prieuré bénédictin de Saint-Julien, qui était contigu
à l'église Saint-Denis. Les portes et les remparts ont laissé
peu de vestiges depuis leur transformation en boulevards.
Nous ne quitterons cependant pas Sézanne sans indiquer la
situation de son Hôpital, qui a pris, en dehors de la ville, la
place d'un couvent de Recollets. Ce monastère s'est trouvé de
la sorte conservé intact, avec les belles boiseries de sa chapelle,
le vaste retable de son autel et les tableaux peints par le Frère
Luc, appartenant à cet ordre, émule de Le Brun et, comme lui,
membre de l'Académie de peinture. Ces huit toiles, qui représentent des scènes de la vie de S. François d'Assise, la *Descente
de Croix* et la *Descente du Saint-Esprit*, sont malheureusement bien endommagées, mais elles mériteraient quand même
une étude attentive et une description nouvelle qui provoque-
rait peut-être enfin leur restauration [1]. Dans le chœur de la
chapelle, à droite et à gauche, se lisent sur des plaques de
marbre les noms de Mgr Mellou Jolly, archevèque de Sens
(né à Sézanne en 1795) et de Mme Bouvier, récents bienfaiteurs
l'un et l'autre de cet Hôpital.

Dernier détail, l'ancien Hôtel-Dieu était au centre de la ville,
près de la place Saint-Denis, et sur la principale porte de sa chapelle, on lisait encore en 1837 l'inscription commémorative de sa
reconstruction en 1639, gravée sur une tablette de marbre noir :

> En l'an *1639*, ceste chapelle a esté rebastie,
> Estant nobles hommes Jacques Cordelier, lieutenant
> Général au baillage de Sézanne, et Jacques
> Champy, procureur du Roi au dict baillage,
> A la diligence de nobles hommes
> Remy de Choyselat, escuyer, lieutenant
> Des eaux et forêts aud. baillage, Syméon
> Poullet, président en l'eslection, et Toussaints
> Trulat, esleu, tous trois gouverneurs et
> Administrateurs de l'Hostel-Dieu de Sézanne [2].

Nous avons tenu à reproduire une inscription qui, outre son
intérêt pour la biographie locale [3], mentionne les juridictions

---

1. Consulter la *Notice sur les tableaux originaux du Frère Luc,
récollet, qui se trouvent dans la chapelle de l'hospice de Sézanne*, par
l'abbé Boitel, dans l'*Annuaire de la Marne*, 1851, p. 404 à 409.

2. Nous empruntons ce texte à la *Notice sur Sézanne*, 1837, p. 119.

3. Jacques Champy, qui y est indiqué comme procureur du Roi au bailliage, a laissé d'excellents commentaires sur la coutume de Meaux que l'on
suivait à Sézanne.

dont Sézanne fut le siège jusqu'à la Révolution : un Bailliage royal, une Maîtrise des eaux et forêts, et l'une des Élections de la Généralité de Champagne. Cette ville relevait au spirituel de l'évêché de Troyes, dont elle formait un doyenné. Depuis un siècle, en dépit de son passé, Sézanne relève d'Épernay au point de vue administratif et judiciaire, mais au point de vue historique, elle ne le cède en rien à sa rivale et reste l'un des fleurons de la province.

II. — FLAMBOIN-GOUAIX.

La voie ferrée qui doit relier Sézanne à Provins n'est pas encore achevée, et pour visiter cette dernière ville, nous devons gagner Romilly par Anglure et Saint-Just. De là, nous descendons vers Paris par Pont-sur-Seine et Nogent-sur-Seine (patrie de M. Paul Dubois), qui possède une vaste église, dont on aperçoit de la gare la belle tour gothique, surmontée d'une lanterne en forme de gril que rehausse une statue colossale de saint Laurent. A la troisième station après Nogent, nous arrivons à Flamboin-Gouaix, où se bifurque la nouvelle ligne de Montereau. Gouaix (village situé à 2 kil. de là) est le chef-lieu de la commune[1]; Flamboin est un hameau qui, outre la station, possède, à peu de distance de ses habitations, un domaine historique signalé de loin par son donjon.

Le nom de Flamboin n'est pas celui qu'ont pris les anciens possesseurs du domaine; les La Balüe et les Du Tillet étaient qualifiés au xvi° siècle de seigneurs de Gouaix[2]. C'est que le château de Gouaix était près de Flamboin, à l'endroit où il se trouve encore, plus agréablement situé que le village et entouré de belles eaux et de fossés spacieux. Un vaste parc d'une contenance d'environ 150 hectares avec ses dépendances contiguës, forme l'étendue de la propriété actuelle. Le château, relié par une avenue au hameau, est situé en avant du parc, au fond à droite d'une vaste cour plantée d'arbres et entourée de bâtiments agricoles. On y accède en passant sous le donjon dont nous parlions plus haut, et qui est déjà à lui seul un monu-

---

1. On appelait indifféremment *Gouois*, *Gouaix* ou *Goix*, cette paroisse de la Brie-Champenoise, diocèse de Sens, parlement et intendance de Paris, élection de Provins. On y comptait 120 feux, à une distance de 1 lieue 1/2 S. de Provins et de 2 1/2 O.-N.-O. de Nogent. *Dictionnaire des Gaules et de la France*, par l'abbé Expilly, 1764.

2. Voir en appendice les documents recueillis sur les terres de Gouaix et de Flamboin aux Archives nationales et très obligeamment communiqués par M. Léon Le Grand, l'un des archivistes de ce grand dépôt.

ment intéressant à décrire. Le reste des constructions a gardé
également l'aspect extérieur des édifices du début du xviie siècle, mais sur de bien moindres proportions. Nous allons successivement en parcourir l'ensemble.

Le donjon, d'une élévation totale de vingt à vingt-cinq
mètres, se dresse au milieu de la façade bordée par les fossés,
qui ferment l'enceinte vers le nord ; deux autres tours de
moindre importance l'accompagnaient naguère aux extrémités
latérales. Bâti en solides assises de pierres du pays, il se com-
pose d'un massif rectangulaire, flanqué de deux pavillons de
moindres dimensions. « Le centre, dit M. Fichot, avance sur
les ailes, et motive trois combles qui donnent à l'ensemble un
aspect pittoresque. » La toiture du milieu est surmontée d'un
petit campanile en forme de dôme, rehaussé lui-même d'un
croissant et d'une fleur de lis en plomb. Les armoiries qui
étaient sculptées à la clef de la porte à l'extérieur ont été mar-
telées, mais la façade garde les passages des leviers du pont-
levis [1]. Les ouvertures des portes sont cintrées, les fenêtres des
étages supérieurs sont carrées, sans meneaux, et les murailles
ont partout une forte épaisseur. Une belle lucarne s'ouvre au
sommet, et deux *oculus* éclairent les combles latéraux.

A l'intérieur, à gauche de l'entrée, se trouve une pièce basse,
voûtée, appelée la prison, et qui a pu servir à l'origine de corps-
de-garde, où l'on remarque une meurtrière percée dans le mur
vers la campagne ; à droite, ouvre l'escalier carré qui monte
jusqu'au sommet. Le premier étage, comme le second et
même le grenier, ont été disposés pour être habités ; les cheminées en ont été refaites au xviiie siècle, et le seul reste de
la décoration du xvie siècle se trouve sur le manteau de la cheminée du second étage, où l'on voit un beau médaillon circulaire, entouré d'une guirlande de feuillages, et offrant en relief
la scène si connue de l'histoire romaine : *Mucius Scœvola*
mettant sa main dans le brasier en présence de Porsenna. A
défaut de date connue, la construction du donjon peut être

1. Voir la vue de ce donjon dans *Les monuments de Seine-et-Marne*, par
A. AUFAUVRE et FICHOT, vol. in-f° de 208 p. et de 90 pl. en noir, or et
couleur, Paris, 1858, texte, planche, p. 160, d'après le dessin de Ch. Fichot.
Ce dessin est exact, sauf pour l'*oculus* figuré au-dessus de la porte, qui
n'existe pas ; à cet endroit se trouvait l'écusson aujourd'hui mutilé, qui portait sans doute les armoiries de la famille du Tillet : *Écartelé aux 1 et 4*
d'azur au chevron d'or accompagné de 3 molettes d'éperon du même, aux
2 et 3 d'or à 3 chabots de gueules, et sur le tout d'or à la croix pattée et
alézée de gueules. — Voir le *Nouvel armorial du bibliophile*, par J. Gui-
gard, 1890, t. II, p. 203.

approximativement fixée à la fin du xvi⁰ siècle, ou à l'époque
de Henri IV, au commencement du xvii⁰ siècle.

Les bâtiments de la cour, sur la gauche en entrant, sont
tous modernes; à droite, au contraire, ils sont anciens et probablement contemporains du donjon; ils ne comprennent qu'un
rez-de-chaussée, avec encadrements en saillie et lucarnes ovales
en pierre ouvrant dans la toiture. Lors de la transformation du
domaine en maison de culture, vers 1830, ces bâtiments ont été
tous affectés à des usages agricoles, et il ne reste que le corps-
de-logis du fond pour la résidence du propriétaire [1]. Elevé d'un
étage, flanqué à l'angle sud-ouest d'un pavillon carré, ce corps-
de-logis n'est pas dans l'axe du donjon et ne répond pas à l'importance de ce dernier, il offre cependant une agréable demeure
embellie au midi par la proximité du parc dont la sépare un
large canal avec revêtements en maçonnerie et bordé de para-
pets. Un pont à deux arches en pierre, portant la date de 1759,
fait communiquer le parc avec la cour, fermée de ce côté par
une grille du dernier siècle, accompagnée à hauteur d'appui
de nombreuses défenses hérissées de fer.

Le château a subi au dedans bien des modifications qui ont
fait disparaître dans l'épaisseur des murs les vestiges de constructions plus anciennes et en grande partie les décorations des
derniers siècles. Dans un cabinet du premier étage, on voit
quelques fragments de peintures à fresque, représentant sur
les côtés des têtes d'anges et la scène de l'*Assomption* au
plafond. Les appartements ont été tous disposés pour l'agrément et la commodité de l'habitation.

Sous un bosquet, dans un angle de la cour, se trouve un
puits dont la margelle est surmontée d'une cage en fer d'un
élégant dessin. A l'autre extrémité, sur les pilastres en briques de la porte du potager, le précédent propriétaire a disposé deux curieux chapiteaux à feuillages du xiii⁰ siècle, provenant de l'abbaye de Saint-Jacques de Provins dont il possédait
les ruines. N'oublions pas de signaler aux naturalistes les
beaux arbres qui ombragent les abords du château et l'entrée
du parc, les peupliers de Suisse et d'Italie, le noyer d'Amé-
rique, et surtout un sophora gigantesque et au moins séculaire. La fertilité du sol et surtout sa fraîcheur procurent à
ces arbres une vigueur indéfinie.

Le parc, clos en partie par des murs, en partie par des

1. L'ancienne maison de ferme du château de Flamboin était située aupa-
ravant dans le hameau, à l'endroit de la gare.

DONJON DE FLAMBOIN (Seine-et-Marne)
Cliché de D. CAMUS, Photographe à Nogent-sur-Seine

fossés rempli d'eaux vives, est cultivé dans sa plus grande
étendue, mais plusieurs parties boisées y ont été aménagées
avec une large pièce d'eau au centre, où se croisent les allées
transversales. La petite chapelle, située dans un angle, forme
perspective à l'extrémité d'une nouvelle plantation; bien
qu'agrandie et reconstruite sur sa façade, on y retrouve
quelques souvenirs des derniers siècles, une inscription sur
marbre noir, au-dessus de l'entrée, porte ces simples mots :

FRATERNI MONUMENTUM
AMORIS

La tradition y voit un *ex-voto*, à l'occasion du retour d'une
guerre périlleuse du frère du seigneur de Gouaix et de Flamboin sous Louis XIV. L'autel et son retable en menuiserie,
garni d'une fine peinture représentant le *Christ en Croix*,
datent aussi de la même époque. Mais l'établissement de la
chapelle remonte plus haut, car des titres anciens la mention-
nent comme étant à la collation des archevêques de Sens, dont
le diocèse s'étendait sur toute la région provinoise.

L'origine et l'état du domaine de Gouaix et Flamboin au
moyen âge seraient des points plus difficiles à préciser que
son état actuel. Nous ne les approfondirons pas, ne possédant
ni documents sur l'histoire locale, ni ouvrages sûrs et précis
pour nous frayer la voie [1]. Ainsi que nous l'indiquions sommairement plus haut, le château, dit actuellement de Flamboin, était le siège et le centre de l'ancienne seigneurie de
Gouaix. C'est seulement de ce côté que les recherches peuvent
aboutir. A cet égard, les titres de propriété concordent avec
les renseignements fournis sur les seigneurs de Gouaix par
les Archives nationales, les recueils de d'Hozier et du
P. Anselme. Nous ne tenterons donc, sur ce terrain, rien d'im-
probable ou de contradictoire en citant d'après cette concor-
dance, les noms de plusieurs personnages qui furent seigneurs
de Gouaix [2]. Les plus anciens ne portent pas de noms connus
dans l'histoire, avant les deux Jean Balüe, du commencement
du xvie siècle [3]. Viennent ensuite, après le duc et la duchesse

---

1. Le département de Seine-et-Marne, si rempli de souvenirs et de
monuments, ne possède encore ni *Répertoire archéologique* ni *Dictionnaire
topographique*, publié par le Ministère de l'Instruction publique.

2. *Gouaix*, canton de Bray-sur-Seine, arrondissement de Provins.

3. *Généalogie de Balüe.* — Jean Balüe l'aîné; curé de Saint-Eustache à
Paris, protonotaire du Saint-Siège, grand archidiacre d'Angers en 1182 et

de Guise, plusieurs membres d'une famille assez célèbre, celle Du Tillet, qui joua un rôle considérable au Parlement de Paris [1]. Il est vraisemblable que ce fut l'un d'eux qui construisit ou reconstruisit le donjon de Flamboin, soit Elie, soit Jean Du Tillet, qualifiés tous deux successivement seigneurs de Gouaix-en-Brie, depuis 1569 jusque vers 1635 [2]. En 1672, c'est encore la veuve d'un Jean du Tillet, qui fait hommage de la terre.

La suite des successeurs de la famille Du Tillet pour le xviie siècle nous est moins connue. C'est un Jean d'Ivry qui rend hommage en 1692, puis Claude Bonneau en 1703. Ce sont ensuite les comtes de Poitiers qui ont acquis la terre en 1703 et l'ont possédée jusqu'en 1780, d'après les titres et les recherches du propriétaire actuel [3]. Mais nous n'avons pas trouvé ailleurs d'indication sur les divers membres de cette famille rattachés à la Brie, si ce n'est une alliance avec la maison d'Anglure et la possession de seigneuries en dépendant [4]. De nouvelles recherches deviendraient faciles sur ces

de Souvigny en l'église de Clermont en Auvergne, seigneur de Villepreux, fit hommage de ses terres de Gouaix et de Fontenay en France, le 18 may 1507, et mourut en 1528. — Jean Balûe le jeune, seigneur de Gouaix, frère du précédent, émancipé à l'âge de 11 ans le 16 may 1481..... Il fut maître d'hôtel du Roi et de la Reine de Navarre, et écuyer tranchant du Dauphin. Le Roi lui donna 400 livres de pension pour services rendus en Italie. Il en jouissait en 1520. *Hist. généal. et chronol. de la maison royale...*, par le P. Anselme, t. VIII, p. 239-40.

1. TILLET (du), famille d'Angoulême, d'où sont sortis les seigneurs de La Bussière, de Gouaix, de Loré, de Marçay, de Montrainé et de Chalmaison. (Voyez les registres I et II de l'*Armorial* de d'Hozier.)

2. Famille du Tillet, seigneurs de Gouaix, de Loré et de Marçai. Elie du Tillet, seigneur de Gouaix en Brie (second fils de Jean du Tillet et de Jeanne Brinon), fut reçu conseiller du roi, maître ordinaire en sa Chambre des Comptes, le 14 juin 1569. Grand-maître des Eaux et Forests de France, le 12 juin 1575 et Maître d'hôtel ordinaire du Roi en 1597. Il épousa 1° Philippe Viole, en 1572, et 2° Marie Le Fèvre, desquelles il laissa cinq enfants, dont Jean du Tillet, aussi seigneur de Gouaix et du Bourg-Baudouin, conseiller au Grand-Conseil, puis Maître des Requêtes, pourvu le 14 janvier 1612, et honoraire, le 25 janvier 1635, épousa en 1597 Marie de la Vergne, et leur fils, Jean du Tillet, fut seigneur de S. Leu, de Gouaix et de Loré, conseiller au Parlement, reçu le 3 février 1623 ; de son mariage avec Madelène de Bragelongne, il eut un fils Séraphin du Tillet, qui porta seulement le titre de seigneur de Loré et de Ranci, et plus de Gouaix. *Armorial général de la France*, par d'Hozier, t. II, p. 554 à 557.

3. POITIERS, surnom de la maison des comtes de Valentinois, du Dauphiné, d'où sont sortis les seigneurs de Saint-Vallier, de Veyne, de Clérieu, de Serignan, de Cotron, d'Albon, d'Arcies, de La Ferté, de Vadans, d'Outre et de Neufchastel. (Voyez le P. Anselme, *Hist. des grands officiers*, t. II.)

4. *Dictionnaire de la Noblesse*, par de la Chesnaye-des-Bois et Badier,

bases aux érudits de la région, et il nous suffit de leur indiquer ce but.

Depuis l'époque de la Révolution jusqu'à nos jours, la tâche
est bien simplifiée par le seul examen des titres. Le domaine
avait été acquis, en 1780, du dernier représentant de la famille
de Poitiers, par M. Nardot, fermier général, et grandement
embelli et agrandi par ses soins : c'est à lui qu'est dû le tracé
du parc actuel et probablement la distribution intérieure des
bâtiments. M. Nardot menait grand train et recevait beaucoup
à Flamboin, quand il partit pour l'émigration vers 1792 ; mais
il eut le bonheur de retrouver intact le domaine au sortir des
embarras que subirent les biens d'émigrés, et il mourut propriétaire de Flamboin en 1802. Son gendre, le comte Daru, en
hérita, mais il le vendit presqu'aussitôt, en 1804, au baron de
Macklot, qui garda la terre et l'habita fréquemment jusqu'en
1828. A cette date, ce fut M. Garnier, de Provins, qui en
devint l'acquéreur dans un but simplement utilitaire, celui
d'y créer une exploitaton agricole et dans l'espoir d'en tirer
des bénéfices qu'il ne réalisa malheureusement pas, malgré
toutes les transformations qu'il opéra dans l'ensemble de la
propriété[1]. En 1849, une famille de Reims en fit l'achat et
rétablit les choses en sauvegardant les constructions vraiment
intéressantes. M. Henri Givelet, le propriétaire actuel, se plaît
à habiter le plus qu'il peut sa résidence de Flamboin avec sa
famille, et à en améliorer chaque année quelques parties.
Entre ses mains, le domaine est véritablement une terre
d'agrément et de rapport. C'est à lui que nous devons tous
ces renseignements qui ne seront pas sans profit pour l'histoire de la contrée.

III. — PROVINS.

De Flamboin à Provins, le trajet, soit en voiture, soit en
chemin de fer, est des plus attrayants. La route traverse
Gouaix, Montramé, le délicieux vallon des Méances, puis
remonte sur une crête d'où l'on découvre le site entier de
Provins et des environs : la Ville-Basse apparaît dans une
ceinture d'arbres, et la Ville-Haute dans une enceinte de

1870, t. XVI, p. 4 à 7, famille de *Poitiers*, à laquelle appartient un comte
de Poitiers, né en 1056, qui épousa Françoise d'Auglure, fille de Saladin
d'Auglure, marquis de Coublans.

1. M. Garnier, qui posséda Flamboin, est le frère de M. Garnier, auquel
la ville de Provins est redevable de cette charmante propriété, où l'on a
installé récemment la Bibliothèque et le Musée.

ruines émergeant des bosquets qui couvrent les pentes du coteau.

La Ville-Haute de Provins offre certainement l'aspect de l'une des plus vastes forteresses en ruine du moyen âge que possède la France du Nord. Le donjon ou tour de César et l'église Saint-Quiriace dominent cette enceinte de bastions et de murailles, et forment avec elle un ensemble très pittoresque et très imposant, que l'on a comparé, plus ou moins heureusement (nous ne pouvons en juger) au panorama de Jérusalem. Le frais paysage qui s'étend autour de la Ville-Basse, à la rencontre des deux rivières de la Voulzie et du Durtain, l'aspect de ses monuments et de ses boulevards, l'activité de ses rues, tout forme contraste entre le charme de la vallée et la sévère physionomie de la montagne.

Si Provins était le but de notre excursion, il en sera le chapitre le moins long et le plus facile à rédiger, tant cette ville est connue des touristes et des archéologues, tant elle a été bien explorée et savamment décrite par les historiens de la localité[1].

Notre première visite à Provins fut pour l'excellent bibliothécaire de la ville, M. Emile Bourquelot, frère de Félix Bourquelot, l'érudit professeur à l'Ecole des Chartes, mort en 1868, et auteur lui-même d'ouvrages très estimés contenant la relation de ses voyages en Orient[2]. Rapidement nous apprîmes de lui l'histoire de la Bibliothèque et du Musée dont il est le conservateur, et qu'il a installés dans la charmante propriété léguée à la ville par M. Garnier. Il en a lui-même décrit les richesses placées en bel ordre, et nous n'insisterons pas sur le mérite bien connu et la valeur de ces collections publiques[3].

1. Voici leurs œuvres principales : *Histoire de Provins*, par FÉLIX BOURQUELOT, *Paris*, J. Techener, 1839, 2 vol. in-8° avec plan et vignettes. — *Histoire et description de Provins*, par A.-C. OPOIX, 2° édition, *Provins*, 1846, 1 vol. in-8°. — Renvoyons en outre aux *Monuments de Seine-et-Marne*, par AUFAUVRE et FICHOT, ouvrage déjà cité plus haut, dont le texte et les nombreuses planches sur Provins (p. 98 à 139) donnent la plus complète idée de cette ville et de ses monuments.

2. Le père de ces deux savants était originaire de Launois-sur-Vence (Ardennes). — M. Emile Bourquelot a fait une partie de ses études au Collège royal de Reims. Nous tenons de lui ces détails qui intéressent notre pays, et nous le remercions sincèrement de son aimable accueil.

3. Provins est l'une des villes où l'imprimerie s'implanta le plus tôt. Voir les *Recherches sur les débuts de l'imprimerie à Provins*, par H. Stein, dans la *Bibliothèque de l'Ecole des Chartes*, année 1889, p. 218-28.

En revanche, nous voudrions signaler l'intérêt du Musée particulier de M. Bourquelot, indiquer la présence dans son cabinet d'objets rapportés par lui de ses lointaines explorations, et de quelques œuvres d'art sauvées de la ruine et de l'abandon à Provins même. Ce serait encore un long inventaire à rédiger, et nous pouvons à peine noter en bloc les porcelaines et les faïences, notamment un violon en céramique, les peintures, les dessins, les frises, les statuettes, les sculptures diverses en bois, en marbre et en pierre. Il en est beaucoup dans le nombre qui serviront de très utiles renseignements pour l'histoire de l'art dans la région, particulièrement le dessin en couleur des décorations peintes au xvie siècle sur la voûte en bois de l'église Sainte-Croix, désormais invisibles comme nous le constaterons plus loin. Dans le jardin attenant à cette demeure hospitalière, voisine de la tour de Notre-Dame du Val, ce sont des richesses d'un autre genre, des richesses lapidaires, débris sculptés de tous les âges. Ce qui nous a le plus frappé, c'est une porte Renaissance avec toute sa décoration, qui a été encastrée avec goût dans la muraille de la maison sur la cour. Au centre d'un massif du jardin, nous distinguons une statue d'ange, du moyen âge, tenant un cadran solaire de forme arrondie, et sur lequel une main plus récente a gravé cette devise si vraie et qui sert d'épigraphe à notre récit : *Vita punctum fugax.* (An. 6.)

De suite, nous prenons le boulevard d'Aligre pour monter à la Ville-Haute, où nous aboutissons droit à l'église Saint-Quiriace, maintenant simple paroisse. Le respectable ecclésiastique qui la dessert depuis trente-deux ans, nous la fait visiter dans tous les détails, et nous guide ensuite avec la même obligeance, dans les rues voisines et autour des remparts. Sans avoir pu tout scruter dans ce vaste périmètre, rempli de tant de monuments, de ruines et de souvenirs, si morne aujourd'hui et si fréquenté jadis aux jours célèbres des grandes foires de Provins, nous avons pu du moins nous orienter, parcourir les principaux édifices et garder de l'ensemble une vive et durable impression [1].

La demeure des comtes de Champagne était attenante à la collégiale qu'ils avaient enrichie, et ce qui reste de leur palais, notamment la chapelle, se trouve incorporé dans les bâtiments

---

1. C'est dans la Ville-Haute de Provins qu'habitaient, et que sont morts il y a quelques années, M. et Mme Boudin, qui possédaient par héritage le beau portrait de Nicolas Wilbault, peintre de Château-Porcien, échu par succession à leur neveu, M. Henri Mennesson, de Reims.

du Collège communal de Provins. Quant à l'église Saint-Quiriace, c'est un grand édifice du XIIe siècle (1160), sans tours ni portail, et malheureusement incomplet dans la nef, mais dont l'abside circulaire offre à l'intérieur une harmonieuse unité, et une singularité en ce que les trois chapelles du fond de son déambulatoire se terminent carrément[1]. Une crypte s'étend au-dessous de l'extrémité du chevet et forme un lieu d'assemblée très favorable pendant les rigueurs de l'hiver : elle a été complétée au milieu en 1864. De chaque côté du déambulatoire, dans les niches des arcatures, sont fixées des inscriptions de tous les âges, recueillies par M. le docteur Michelin et soigneusement préservées en cet endroit. Voici l'une de ces inscriptions dont le texte intéresse une ancienne famille rémoise, les de Miremont, et relate la fondation d'une maison de Carmélites à Reims en 1632 :

Ce marbre couvre les cendres
De haute et puissante dame, dame Diane Louise de Bouvent
Veuve de haut et puissant seigneur, Mre Jean de Castille chlier, seigr marquis de Chenoise.
Elle fut illustre par sa naissance. Jean Amé de Bouvent, l'un de ses ancêtres
Fut ce fameux capitaine qui défendit avec tant de gloire la citadelle de Boury
Pour le duc de Savoye, son maistre,
Contre l'armée victorieuse de Henri le Grand qui l'assiégeoit en personne.
Sa mère Elizabeth de Miremont, de Ste mémoire, si connue par sa naissance
Et encore par ses vertus, étant demeurée veuve à 38 ans
Après avoir élevé ses enfants dans la crainte du Seigneur
Se fit carmélite dans le monastère de Reims qu'elle avait fondé.
Elle y passa les 40 dernières années de sa vie
Dans la pratique de la pénitence la plus austère, et de l'humilité la plus profonde
Ses vertus héréditaires passèrent naturellement dans le cœur
De Diane Louise de Bouvent sa fille.
Elle eut pour Dieu une piété tendre et solide
Pour son époux un amour soumis et respectueux,
Pour ses enfants une tendresse chrestienne et raisonnable.
Pour ses amis une affection sincère et généreuse.
Pour les pauvres une charité sans bornes,
Pour tout le monde une bonté, une douceur, une honnesteté charmante.
Sa vertu fut éprouvée par la perte d'un époux si tendrement aimé, à qui elle érigea ce mausolée,
Por la mort de deux enfants tués pour le service du Roy, dans l'espace d'une même semaine,
Mais elle ne fut point affoiblie.
Elle passa son veuvage dans la retraite, elle sanctifia sa retraite par la prière.
Elle nourrit et soutint sa prière par de bonnes œuvres.
Elle s'endormit paisiblement au Seigneur, le 5 aoust 1694
Agée de 78 ans, 9 mois, 5 jours.
Requiescat in pace

Du couvent des Pères de la Mercy. 1791.   Replacée ici par M. Michelin, D. M. 1817?.

1. Voir le plan de Saint-Quiriace et d'autres monuments de Provins dans les *Voyages pittoresques* du baron Taylor, *Champagne*, t. II, p. 440-51, et pl. à la fin du volume. — Cfr. *La Chronique de Champagne*, 1837, t. II, p. 377, et t. IV, p. 69.

2. Texte copié par M. Henry Delaunay, percepteur à Châtillon-sur-Marne, et très obligeamment communiqué par M. l'abbé Compant, vicaire général de Son Eminence le cardinal Langénieux, archevêque de Reims, et membre titulaire de l'Académie de Reims.

Au sud de l'abside s'ouvre la sacristie, installée dans une belle salle voûtée, autrefois à deux étages, celui du dessus ayant servi de salle capitulaire. C'est là que l'on nous montre la chasuble et l'étole de saint Edme, archevêque de Cantorbéry, vêtement très précieux du XIII° siècle, en étoffe verte à dessins fleuronnés ; on voit à côté de cet ornement le bonnet du même saint en étoffe grise, et un bras reliquaire du XIV° siècle, contenant une relique de saint Barthélemy[1].

Au-dessus du carré du transept, un dôme circulaire moderne remplace l'ancienne lanterne du moyen âge, qui était surmontée de la statue de sainte Hélène. Le vocable de saint Quiriace est intimement uni au souvenir de cette sainte et à l'Invention de la vraie Croix. D'après la tradition, saint Quiriace, devenu plus tard évêque de Jérusalem, était un juif nommé Judas, qui aida la mère de Constantin dans la découverte des trois croix du Calvaire. La Basilique porte, en effet, pour armoiries ces trois croix, ainsi qu'elles sont visibles sur la belle grille du XVIII° siècle, naguère majestueusement placée à l'entrée du chœur et maintenant reportée au seuil de la porte principale. L'édifice se termine à l'ouest par une muraille bâtie au XVI° siècle, tandis que les portes des croisillons, aujourd'hui murées, sont contemporaines de l'abside.

Une avenue de vieux arbres continue pour ainsi dire la nef de Saint-Quiriace et conduit au *Donjon*, construction en grande partie du XII° siècle, le monument civil le plus important de Provins et qui sert de meuble à ses armoiries. On l'a appelé aussi, selon les temps, la *Grosse-Tour*, la *Tour du Roi*, la *Tour de César*, la *Tour aux prisonniers*, et sa partie supérieure sert depuis deux siècles de clocher pour la basilique voisine. La silhouette du donjon est d'un effet grandiose, malgré la présence des toitures qui ont changé l'aspect primitif de la tour centrale et des quatre tourelles qui la flanquent : les ouvertures du sommet sont ainsi devenues les ouïes d'un clocher. Mais en se tenant au pied des murs, on retrouve la construction du moyen âge dans son système défensif, accru encore d'une enceinte massive construite par les Anglais pendant la Guerre de Cent Ans, et que l'on appelle pour cela le *Pâté des Anglais*[2]. En franchissant le seuil intérieur, on

---

1. Voir la planche superbe des *Monuments de Seine-et-Marne* qui reproduit la chasuble de saint Edme, p. 126.

2. Voir une description et une vue du donjon de Provins dans l'*Abécédaire d'archéologie*, par A. de Caumont, 1858, p. 364.

s'aperçoit que les vieux monuments sont encore utiles pour
nos besoins modernes, car si l'on a transformé le sommet de
la tour en clocher, on a installé au rez-de-chaussée le réservoir
des eaux du Durtain qui se distribuent de là dans la ville.
L'étage du milieu a seul gardé son ancienne physionomie, et
la salle des Gardes en est de beaucoup la partie la plus remarquable par sa voûte élevée et sa grande cheminée; les cor-
ridors latéraux conduisent aux chambres du pourtour et aux
escaliers qui montent par les tourelles au chemin de ronde[1].

L'étage du dessus est rempli par le beffroi des cloches, vaste
et solide charpente qui contient seulement aujourd'hui deux
cloches, la petite, de date récente, et la grosse, superbe corps
sonore de 1511, pesant 3,000 kilogrammes et portant au
sommet une légende en belles lettres gothiques, où nous distinguons son nom : *Quiriaca vocor...*, et sa date : *mille et
quingentis ac undenis*. C'est, hélas! tout ce que nous avons
eu le temps de déchiffrer. Heureusement, le texte entier de
l'inscription a été lu par M. Fichot, et nous le reproduisons
d'après sa copie :

> *Mille et quingentis ac undenis simul annis*
> *Virginis a partu Quiriaca vocor,*
> *Astra petat sonitus, mestis solacia prestet,*
> *Aversas sortes arceat, oro meis[2].*

Du Donjon, on accède à la place du Châtel, dont le fond est
garni par trois monuments : une croix en fer dont le socle est
gothique, un puits rehaussé d'une cage en fer forgé qui n'est
pas sans mérite, et, entre les deux, un bloc en pierre qui
servait, dit-on, de billot pour le supplice de la décapitation.
Dans une rue voisine, on trouve sur la droite une maison du
moyen âge, nommée la *Grange-aux-Dîmes*, dépendance du
temporel de la collégiale de Saint-Quiriace. La face sur la rue
offre quelques points de ressemblance avec la maison des
Musiciens de la rue de Tambour à Reims, notamment des
arcs cintrés de décharge. Un sous-sol, le rez-de-chaussée et
un étage sous les combles, parfaitement conservés tous trois,
donnent l'idée de ce qu'étaient un grenier et un cellier de
réserve. Ils étaient destinés à abriter les redevances en nature,
le vin, l'huile, les grains, etc., apportés par les nombreux villages où le chapitre était décimateur.

---

1. On y montre naturellement des prisons, même la prison du roi Louis
d'Outremer, qui est étiquetée comme les autres à la main, et où le gardien
fait remarquer la dureté du lit royal.

2. *Les Monuments de Seine-et-Marne*, p. 137.

Beaucoup d'autres vestiges de constructions civiles et même de nombreux souterrains, se rencontrent çà et là dans la Ville-Haute, mais force nous est de renoncer à les visiter pour gagner plus vite la porte Saint-Jean, la mieux conservée de la forteresse, et tourner de là autour des remparts et des fossés qui protégeaient l'enceinte du côté nord, où la montagne est de niveau avec la campagne. Du côté de la ville, au sud et à l'est, les fossés étaient inutiles, par suite de la pente abrupte du col, et il avait suffi d'y construire des murailles garnies de tours[1]. En allant de la porte Saint-Jean à la porte de Jouy par l'extérieur, on aperçoit les plus belles ruines, notamment celles de la *Tour aux Engins*, située à l'angle nord-ouest; en chemin, on se prend à déplorer l'aliénation des fossés, qui fut consentie par la ville, il y a vingt à trente ans, car les plantations que l'on y a faites masquent de plus en plus la cime des murs et de leurs bastions crénelés.

La porte de Jouy (qui conduisait à l'abbaye de ce nom) est démantelée bien que debout; aux environs, on montre les brèches que la tradition reporte aux sièges des Anglais; ensuite, on passe près de la *Tour au Pain*, on traverse le *Trou au Chat*, la *Porte Forneron*, et l'on descend jusqu'au Durtain, où cesse maintenant tout appareil de défense. Des promenades plantées d'arbres magnifiques remplacent les boulevards fortifiés de la Ville-Basse. Sur le côté, on aperçoit le mont Sainte-Catherine, dont le flanc exposé au midi est couvert d'un ensemble de bâtiments et de jardins étagés en terrasses, qui formaient le couvent des Cordelières où fut installé en 1742 l'Hôpital général de Provins. Nous aurions voulu y visiter un cloître gothique, et dans la chapelle, le monument du cœur de Thibault V, comte de Champagne, dont le baron Taylor a publié l'inscription[2]. Du moins, nous avons vu la façade de l'Hôtel-Dieu qui est resté à sa place primitive, et dont le portail, récemment reconstruit, porte toujours sur sa porte le titre du moyen âge : *Le grand Hostel Dieu de Provins.*

Sur le rempart ou terrasse d'Aligre, on rencontre l'établissement des *Eaux minérales*[3], presqu'en face de l'entrée de la

---

1. C'est de ce côté qu'était située l'abbaye de Saint-Jacques, dont nous avons signalé plus haut deux chapiteaux transportés au château de Flamboin.

2. *Voyages pittoresques, Champagne*, t. II, p. 451.

3. Les eaux minérales de Provins ont donné lieu depuis le xviiⁱ siècle à de nombreuses publications, au nombre desquelles nous distinguons une *Dissertation historique* que fit paraître en 1738 (*Provins, Michelin*, in-12)

Villa Garnier, dont nous parlions plus haut. Là, s'élève, depuis peu, un beau monument en bronze, élevé à la mémoire des enfants de Provins morts pour la patrie en 1870-71, et dont le socle en granit porte une palme et quelques vers de Victor Hugo[1].

Des établissements modernes de la Ville-Basse, l'Hôtel de Ville, le Palais de Justice, le Théâtre, nous n'avons rien à dire.

La Sous-Préfecture occupe une partie de l'ancien prieuré bénédictin de Saint-Ayoul, dont l'église est encore en partie livrée au culte[2]. La nef et les bas-côtés ont continué à être affectés au service de la paroisse, tandis que le transept, la tour centrale, l'abside et une grande chapelle latérale sont convertis en magasins à fourrages. Le portail du xii° siècle, bien que très mutilé, offre encore des statues et des sculptures fort curieuses. A l'intérieur, on recouvre en ce moment la nef d'une voûte en pierre, qui remplace l'ancien bardeau cintré en berceau, très haut et d'un effet pittoresque, dont les *Voyages* du baron Taylor nous conservent le dessin[3]. Par suite de ces travaux, nous ne voyons que bien imparfaitement les riches bas-reliefs et le retable dus au ciseau de Pierre Blasset, dont nous lisons l'épitaphe fixée au mur du chœur du côté nord, et qui débute ainsi : *Cy gist honorable homme P. Blasset, natif de la ville d'Amiens, en son vivant m° sculpteur en bois, pierre et marbre,...* (décédé) *en l'age de* 51 *ans, le* 25 *janvier* 1663. Le texte relate le zèle de l'artiste pour la décoration des

Nicolas Billate, chanoine de Saint-Quiriace, né à Rethel en 1695, et mort exilé pour cause de jansénisme en 1748. Ajoutons que cet érudit chanoine, livré par goût à l'étude de l'antiquité, a travaillé pendant vingt ans à accumuler des documents sur l'histoire de Provins. Voir BOUILLIOT, *Biographie ardennaise*, t. I, p. 108.

1. L'auteur de ce monument est M. Arthur Massoulle, statuaire champenois. Un critique d'art appréciait récemment ses œuvres, et notamment « l'admirable monument funéraire que possède Provins, et qui, exposé au Champ de Mars et au Palais de l'Industrie, valut au jeune artiste, déjà pourvu de deux médailles, une utile bourse de voyage en Italie. » Il ajoutait, avec un sentiment de regret bien naturel : « Cherchez ses œuvres à Reims et dans la Marne, vous ne trouverez rien! » *Courrier de la Champagne*, du 27 novembre 1892.

2. Saint Ayoul (*Aygulfus*), abbé de Lérins au vii° siècle, dont les reliques furent apportées à Provins. Cf. *Revue de Champagne et de Brie*, t. VII, p. 70.

3. *Champagne*, t. II, Provins, planche. — Des peintures de la Renaissance, avec écussons et arabesques, décoraient ce bardeau comme celui de l'église Sainte-Croix *Monuments de Seine-et-Marne*, p. 116.

églises, et mentionne aussi la sépulture de ses deux filles[1]. Ce monument, détail touchant, est l'œuvre de Pierre Godot, l'apprenti de Blasset et probablement son successeur dans sa profession[2].

L'autre église de Provins, plus importante que Saint-Ayoul, et située à l'autre extrémité de la ville, au pied de la Ville-Haute, mériterait comme elle une visite plus approfondie. Bâtie au XIIIᵉ siècle, agrandie à plusieurs époques successives, elle offre quatre nefs, un transept et un déambulatoire avec chapelles absidales. Placée sous le vocable de la Sainte-Croix, elle porte pour armoiries une croix cantonnée de quatre clochettes; nous avons relevé ce blason sur un élégant pupitre en fer forgé du dernier siècle, qui naguère certainement se dressait au milieu du chœur, et se trouve comme tant d'autres hélas! maintenant relégué dans le pourtour. Du moins, les belles grilles du même style qui ferment et entourent le chœur ont été heureusement conservées à leur place, malgré les remaniements et les modifications qui viennent d'être opérés dans l'édifice entier. Tout l'intérieur a été gratté et remis à neuf. Les voûtes en bois qui offraient de si curieuses peintures du XVIᵉ siècle, sont désormais masquées et à jamais perdues pour la vue, par suite de la construction, au-dessous d'elles, de voûtes en pierre dans le style du monument. Le vieux plancher était, il est vrai, bien défraîchi et délabré, mais surtout, il s'accommodait mal avec les nécessités du chauffage : on a préféré le vouer à la ruine plutôt que d'en restaurer les peintures. Il est permis aux archéologues de regretter la perte d'un spécimen de décoration qui deviendra de plus en plus rare dans nos églises[3].

Les anciens vitraux du XVIᵉ siècle ont eu un meilleur sort,

1. Cette inscription, ainsi que les boiseries, était primitivement placée dans l'église des Cordeliers de Provins. Son texte est reproduit en entier dans les *Monuments de Seine-et-Marne*, p. 117.

2. Pierre Blasset est probablement le frère ou le parent de Nicolas Blasset, architecte amiénois, sculpteur du roi (1600-1659), dont on a publié à Amiens, en 1873, cinquante dessins autographes. Voir le *Catalogue de la librairie Techener*, octobre 1892, p. 2, nº 5360. — La cathédrale d'Amiens contient plusieurs de ses chefs-d'œuvre, l'*Enfant pleureur*, etc., que nous avons admirés le 1ᵉʳ juillet 1000.

3. Nous indiquions plus haut un dessin fort bien exécuté de ces peintures dans le cabinet de M. Emile Bourquelot. — On trouvera un plan et une vue du portail latéral de l'église Sainte-Croix dans les *Voyages* du baron Taylor, *Champagne*, t. II. — Sur les travaux de restauration, voir la *Revue de Champagne et de Brie*, octobre 1880, p. 350.

plusieurs fenêtres du déambulatoire ont été garnies avec leurs débris qui offrent de riches portions, les unes d'un ton jaune, les autres d'un plein et riche coloris. Bien d'autres détails d'architecture, de sculpture et de peinture (un tableau, *Saint Bruno*, attribué à Lesueur) auraient ici leur place, principalement les fonts baptismaux du XIIIe siècle, dont la cuve est rehaussée d'un bas-relief avec personnages en pied tristement mutilés. En sortant, jetons un dernier coup d'œil sur la porte latérale de gauche où l'on retrouve toute la grâce et la finesse de la dernière époque gothique.

Il y aurait, en outre de ces deux églises, beaucoup d'autres vestiges du moyen âge et de la Renaissance à scruter dans les rues et dans les maisons de la Ville-Basse : la façade de l'hôtel de Vauluisant (XIVe siècle), l'hôtel des Lions, des devantures en bois, des celliers et des magasins voûtés, des pignons aigus, des tourelles en encorbellement. A côté de ces respectables débris du passé en voie de disparaître comme partout, signalons les pittoresques perspectives ouvertes en tous sens à travers les cours et les jardins au passage des nombreux canaux formés par la Voulzie. C'est l'une des singularités du vieux Provins, et celle-là durera en dépit des alignements et des embellissements modernes. Une luxuriante végétation se fait jour au milieu des quartiers les plus habités, et rivalise avec la ceinture de boulevards pour donner à la ville entière un aspect printanier et toujours joyeux.

Voilà, nous l'avouons, un tableau descriptif qui sera jugé bien sommaire et bien superficiel pour l'ancienne capitale de la Brie, pour la cité rivale de Sens et de Troyes, pour l'émule de Meaux. Mais notre programme n'en comportait pas davantage, car la prétention de tout savoir et de tout décrire est exclusive d'une excursion que l'on fait en deux jours, quand il en faudrait huit pour ne rien abréger. La sagesse du touriste, en cette circonstance, consiste à ne pas perdre une minute et surtout à retenir avec une fidélité d'autant plus vigilante qu'il a vu plus rapidement. Pour cela, qu'il n'oublie jamais le sage avertissement du cadran solaire de M. Bourquelot : *Vita punctum fugax !* Ce sera sa devise la plus opportune. C'est aussi la leçon morale que nous rapportons de ce voyage.

Henri JADART.

Reims, le 5 novembre 1892.

APPENDICE

—

§ 1er. — Aveux, hommages, décrets et sentences de la terre et seigneurie de Gouaix et Flamboin en Brie recueillis aux Archives nationales[1].

(1370-1703.)

18 juillet 1370.

Aveu de « l'ostel de la mote de Gouuois », rendu par le procureur de « Guillaume Flote, chevalier, sieur de Renel, comme ayant la garde de Antoine Flote, escuier, fil de lui et de feu Madame Marguerite de Beaumont...... Item ung four bannier à Flembin, pour tous ceulz de Flembin, qui vault six sextiers de blé de rente chascun an. » (P 192, cote 1724.)

10 décembre 1379.

Aveu de Pierre Tirel, dit Baudrin, pour sa femme, Jeanne de Beaumont. (P 75, cote 3687 bis, Liste des titres et aveux de Gouaix, communiqués par Jean du Tillet.)

1er août 1381.

Vente par les mèmes de la seigneurie de Gouaix à Nicolas Montirel et Jeanne la Galoise, sa femme (Ibidem).

24 août 1382.

Aveu rendu par Morelet de Montmor, de « l'ostel de la motte de Gouuois, si comme il se comporte, avec vint arpens de jardins appartenans a laditte motte. Item, en toute la ville de Gouuois et de Flambin, haulte, moienne et basse justice..... Item, à Flambin, le four bannier... » (P 204, fol. 100, n° 90.)

Janvier 1394. (a. st.)

Aveu rendu par Morelet de Montmor, chevalier. (P 171², cote 316 et P 204, cote 102.)

17 décembre 1397.

Aveu de l'ostel de la Motte de Gouuois, rendu par Jaquet de Montmor, écuyer, fils et héritier du précédent. (P 171², cote 313.)

11 octobre 1460.

Aveu par Gilles de Combault. (P 75, cote 3687 bis.)

1er mars 1543. (a. st.)

Sentence obtenue par Jean de la Balluc, sr de Gouaix. (Ibidem.)

---

1. Nous devons tous ces documents, comme nous le rappelions plus haut, aux recherches obligeantes de M. Léon Le Grand, archiviste aux Archives nationales, et nous lui en exprimons notre sincère gratitude.

10 novembre 1551.

« Décret de la terre et seigneurie de Gouais, naguère appartenant à messire Jehan de la Balue, chevalier, et de présent adjugée par ledict décret aux duc et duchesse de Guyse, comme plus offrans et derniers enchérisseurs..... Le chasteau de Gouoix, qui se consiste en ung grand corps d'hostel, cuisine, basse court, maison, estables, granches, tournelles, portes, colombier, court, jardin, fossez et accinct, le lieu comme il se comporte, contenant environ quatre arpens, scant entre la ville de Gouoix et la rivière de Seine, près le village de Flamboing, tenant et aboutissant de toutes pars audict sieur de Gouoix, ensembles ses appartenances et deppendances dont ledict de la Balue estoit lors propriétaire..... » (X¹ᴮ 0545.)

22 janvier 1571.

Hommage rendu par Hélye du Tillet. (P 165¹, cote 1736.)

21 mai 1608.

Hommage par Jean du Tillet « des terres et seigneuries de Gouaix, Montramé, Servoles et du moulin banal dudit Gouaix... », lui provenant de son père Hélye. (P 165¹, cote 1756.)

8 août 1617.

Aveu rendu par Jean du Tillet, « c'est assavoir le chastel et maison seigneurialle de la Mothe de Gouaix, court et jardins, enclos de murailles et grand fossez, ensemble et joignant lesdicts fossez le grand jardin joinct et clos de fossez, contenant un arpent ou environ, comme aussy le parcq et verger atenant dudict lieu, appellé l'accin dudict chastel, le tout clos pareillement de fossez plains d'eaue, le tout, savoir ledict chastel, jardins et accin, contenant dix arpentz ou environ, en laquelle mothe et chastel y a une chapelle fondée par les antiens seigneurs dudict lieu en l'honneur de la Vierge Marie, en laquelle le chapellain d'icelle doibt dire et célébrer trois messes par chacune sepmaine, à la collation de Monsieur l'archevesque de Sens, sur la présentation dudict sieur..... Item en ladicte ville et dict lieu de Gouaix, haulte justice, moyenne et basse, deux fourgs bannaux, scavoir ung en ladicte ville de Gouaix et l'aultre au village de Flamboing... » (P 75, cote 3686.)

31 mai 1672.

Hommage par Marie Dorat, veuve de Jean du Tillet. (P 167², cote 2036.)

18 juin 1692.

Hommage de Jean d'Ivry, qui avait acheté la seigneurie des « directeurs des droits et actions du sieur Coquille ». (P 168, cote 3101.)

1ᵉʳ juillet 1692.

Aveu de Jean d'Ivry, « premièrement le chastel et maison seigneurialle de la mothe de Gouaix, etc..... Item en la ville de Gouaix et village de Flamboing, scitué dans la paroisse dudit

Gouaix, haute justice, moyenne et basse, deux fours bannaux, scavoir un en ladite ville de Gouaix et l'autre audit village de Flamboing..... Item au village de Flamboing, dite parroisse de Gouaix, appartient aussi audit seigneur une autre grande ferme, les bastimens consistant en deux chambres, grenier au-dessus, plusieurs estables, fouleries, bergeries, escuries, grande cour, jardin derrière, le tout clos de mur contenant environ un arpan, de laquelle ferme dépendent aussi pareille quantité de cent arpans de terre labourable ou environ, et sept arpens de prez ou environ. » (P 195², cote 1817.)

9 juin 1703.

Hommage par Claude Bonneau, s' de Purnon, héritier de Jean d'Ivry. (P. 168, cote 3150.)

13 juillet 1706.

Hommage rendu par Jean-Ferdinand, comte de Poitiers, seigneur de Wagnée et autres lieux, chevalier de Saint-Louis, ci-devant colonel d'un régiment de dragons. (P 168, cote 3162.)

§ 2. — Plans et titres communiqués par M. Henri Givelet, propriétaire actuel du domaine de Flamboin.
(1637-1706.)

1637.

Grand plan sur parchemin, colorié, avec légende au-dessous, comprenant dans ses limites la vue du château de Gouaix avec le donjon actuel, quatre tours d'angle et les bâtiments d'habitation, le tout entouré d'une enceinte de fossés. La légende porte : « 9. Chasteau et parc de Gouaix. — 10. Terres labourables d'entre ledict chasteau et chemin de bois à Brey. — 11. Terres des Quarangles, qu'ils disent estre de l'autre domaine et la mothe. — 12. Prez des Quarangles, qu'ils disent estre possédés par le seigneur de Goys. — 13. Le village de Flambouin. — 14. Le village de Goys. » A l'opposé, vue du village et du château d'Everly.

8 juin 1693.

Décret d'Ivry de la terre et sgrie de Gouaix, par lui acquise des directeurs des créanciers de Claude Coquille moyennant 88,300 l., ledit décret poursuivi aux requêtes de l'hôtel. (Liasse en parchemin de 44 ff.)

14 juillet 1706.

Décret de la terre de Gouaix, aquité par M. le comte de Poitiers de M. de Purnom. (Liasse en parchemin de 32 ff.)

De ces deux derniers titres, il résulte les mentions suivantes relatives aux propriétaires successifs du domaine de Gouaix :

4 mai 1685, vente par Marie Daurat, veuve de M** Jean Du Tillet, seigneur de Gouaix, conseiller au Parlement, à Claude Coquille, secrétaire des Conseils d'Etat, direction et finances de Sa Majesté.

27 août 1691, acquisition par Jean d'Ivry, écuyer, conseiller, secrétaire du Roi, maison, couronne de France et de ses finances, sur les créanciers de Claude Coquille.

3 octobre 1703, acquisition par Jean-Ferdinand, comte de Poitiers, seigneur de Wagnée et autres terres, chevalier de l'ordre de Saint-Louis, cy-devant colonel d'un régiment de dragons, demeurant à Paris, rue du Bac, de Claude Bonneau, chevalier, seigneur de Purnom et autres terres, conseiller du Roy, cy-devant premier maître d'hôtel de Son Altesse Royale, Monsieur, fils de France, duc d'Orléans, et de dame Anne-Marie Du Tillet, son épouse, auquel sieur de Purnom la terre de Gouaix appartenait comme héritier pour moitié des acquets et propres paternels du sieur d'Ivry, et lui étant échu par le second lot de partage fait de ses biens avec delfunt Toussaint Bonneau, chevalier, seigneur de Rubelles, ancien conseiller au Parlement, son frère, le 3 août 1702.

Des mêmes titres, résulte aussi une description très nette de l'état du château, ainsi désigné en 1706 :

« Le fief, terre et seigneurie de la motte de Gouaix,... consistant en plusieurs logemens et bâtimens, pressoir bannal, colombier à pied, pont levis sur le devant dudit château, au devant duquel est une grande avenue, plantée de quatre rangées d'arbres ormes, sur le derrière un parc planté en bois, allée et sainfoin, un grand clos d'arbres fruitiers au devant dudit château, appellé la Garenne, lesdits bâtimens appliquez par devant à trois gros pavillons formés au dedans, un au milieu sur lequel est le pont levis, et les deux autres aux angles de la court, dans lesquels il y a plusieurs logemens tant par bas que par haut, plusieurs bâtimens aux deux ailes, appliquez savoir l'aile droite en pressoir, vinée, foullerie, fournil, écurie, remises de carrosses, et autres logemens, et l'aile gauche en grange, étable, vacherie, bergerie, bucher, et autres bâtimens et au fond de la court, un grand corps de logis appliqué en cuisine, office, sommellerie, salle, chambre basse, chambre haute, chapelle fondée par les anciens seigneurs dudit Gouaix, dédiée à la Vierge Marie, chargée d'une messe par chacune semaine, ladite chapelle à la collation de l'archevêque de Sens sur la présentation dudit seigneur de Gouaix, lesdits lieux et bâtimens couverts d'ardoises et tuille..... » Suit la désignation du reste du domaine qui était très considérable dans tous les environs et se trouve maintenant bien diminué.

La famille du comte de Poitiers garda le domaine de 1703 à 1780, et le laissa dans le même état. Aujourd'hui, le château de Gouaix, que l'on nomme le château de Flamboin à cause de la proximité de ce hameau, est conservé et entretenu avec la sollicitude que commandent ses souvenirs historiques.

CHÂTEAU DE MONTMORT (Marne)

CHAPITRE II

Excursion de Reims à Baye, par Montmort.

(7 novembre 1892.)

Artes castra fovent.

Un jour pour franchir la distance de Reims à Baye par Montmort, voir les sites de la forêt, visiter les châteaux, c'est bien peu, et cependant nous avons effectué, en compagnie de notre confrère M. Louis Demaison, cette course de vingt-cinq lieues aller et retour, en remplissant à peu près notre programme de touriste, grâce au chemin de fer et aux excellents chevaux des petites voitures d'Epernay.

Par surcroît, c'était un jour d'automne que ce lundi 7 novembre, où le soleil ne parvenait que par intervalle à percer l'épais brouillard, un vrai jour de Brumaire. Mais il avait tant plu les jours précédents que les froides averses nous furent épargnées, et que nous pûmes, d'un pas allègre, monter au donjon de Montmort, voir la plaine de Champaubert dans toute son étendue, et parvenir au bord de la vallée du Petit-Morin, à l'endroit où s'étagent sur une longue pente le village et le château de Baye, but et terme de notre exploration.

I. — D'ÉPERNAY A BAYE, PAR MONTMORT ET CHAMPAUBERT.

L'arrondissement d'Épernay a cette différence avec celui de Reims, qu'il renferme peut-être moins d'anciennes églises, mais beaucoup plus de châteaux historiques. Ces derniers forment pour la contrée, déjà pittoresque par elle-même, un incomparable ornement ; en outre, ils abritent encore mille souvenirs précieux, des tableaux, des portraits et plusieurs collections artistiques et scientifiques léguées et entretenues par le culte du passé, ou rassemblées par le goût intelligent de leurs propriétaires. Une notice de M. Armand Bourgeois, percepteur et homme de lettres à Pierry, a esquissé quelques traits de ces belles demeures des environs d'Epernay, et donné la silhouette des principales d'après les eaux-fortes de M. le vicomte de Gourcy ou les dessins de M. l'abbé Chevallier[1].

---

1. *Promenades d'un touriste dans l'arrondissement d'Épernay*, in-18, 1886, avec vues des églises de Damery, Dormans, Sézanne, Saint-Martin-d'Ablois, et des châteaux de Dormans, Boursault, Brugny, Montmort, Eloges, Baye, Montmirail, Mareuil-en-Brie et Villers-aux-Bois.

Nous y renvoyons le lecteur, nous bornant à retracer *de visu* ce qu'une trop courte visite nous a permis d'entrevoir des monuments et des œuvres d'art de Montmort et de Baye.

A la sortie d'Épernay, par la vallée du Cubri[1], allant à Pierry, on aperçoit au fond d'une avenue le clocher et les vastes constructions du nouvel hôpital dû à la générosité de la famille Auban-Moet. Si l'aspect seul d'une flèche gothique, élégante et bien proportionnée, permet de juger l'ensemble de ce grand établissement, nous pouvons attester son beau caractère architectural, et prédire le charme qu'il offrira sur ce coteau pour rehausser la perspective d'Épernay si pauvre en monuments. La traversée de Pierry donne la vue de belles propriétés très soignées et fort gracieuses d'entourage, et sur sa mairie plane le souvenir de Cazotte. Plus loin, s'élèvent la butte et l'église de Mont-Félix, en face de Moussy. Mais il faut parvenir à la montée de la forêt, sur la route de Sézanne, auprès du village de Brugny, pour rencontrer un édifice d'une physionomie vraiment frappante.

Le château de Brugny, propriété de la famille de Clermont-Tonnerre, offre une façade flanquée de tours et précédée d'une douve, mais il se dérobe à moitié dans les massifs du parc, et nous n'avons pas le loisir d'y faire une halte[2]. La route monte toujours à travers les bois et parvient au plateau où s'étendent de vastes cultures. Sur la droite, on aperçoit une ancienne enceinte fortifiée près d'une ferme nommée *La Grange-le-Comte*[3], et dans les environs se dresse un superbe poirier, arbre séculaire d'une magnifique végétation. Bientôt on rentre dans la forêt, dite de Montmort sur la droite et de la Charmoye sur la gauche, et l'on a, jusqu'à l'arrivée au bourg de Montmort, droit en face de soi, le massif carré et les tours d'angle du château dans toute leur élévation.

Ce n'est pas ici le lieu de retracer les annales d'une des grandes terres de Champagne, ni même d'en décrire minutieu-

---

1. Rappelons aux sparnaciens un opuscule très rare, d'une couleur toute locale, et dû à la plume d'un érudit rémois : *La Belle du Cubry, légende sparnacienne*, par Ch. Loriquet, bibliothécaire de Reims, 1854, in-8° de 26 pages, extr. des *Séances et Travaux de l'Académie de Reims*, t. XX, p. 96 et 110.

2. Consulter l'*Histoire du château de Brugny*, l'un des sites les plus remarquables du département de la Marne, depuis le xv° siècle jusqu'à nos jours, par Armand Bourgeois, in-8° raisin, Châlons, T. Martin, 1883. Broch. de 72 p., avec vue du château, du côté nord-est.

3. Longnon, *Dictionnaire topographique de la Marne*, 1891, p. 122.

sement le pittoresque et grandiose manoir. D'autres l'ont fait avant nous, d'après les documents, et mieux par conséquent que nous ne pourrions le faire[1]. Néanmoins, nous souhaitons vivement de voir publier un jour une monographie complète et illustrée de ce château de la fin du xvi° siècle, d'une si grande originalité de forme et d'un caractère si bien proportionné au paysage qui l'entoure. Claude Chastillon en a dessiné deux vues, qui sont bien curieuses en ce qu'elles restituent l'aspect et l'encadrement primitifs[2]. La première enceinte du bas paraît refaite à neuf, les ouvertures ont dû être modifiées aux façades du principal bâtiment dont quelques lignes sont aussi devenues bien frustes sous l'action du temps. Mais comme les murs, les tours et les toitures ont gardé leur caractère, et que la nature n'a cessé d'en embellir les abords, l'ensemble impressionne toujours fortement.

Les géographies locales ont précisé quelques points sur le donjon de Montmort, et l'ont décrit ainsi que les principaux guides modernes[3]. Toutefois les erreurs abondent dans beaucoup de ces notices, très sommaires d'ailleurs, et en dehors des études particulières que nous signalions plus haut, il faut recourir aux grands ouvrages descriptifs pour trouver d'utiles renseignements[4]. Il faudrait, au surplus, une visite prolongée pour se rendre compte de l'architecture de l'édifice entier, en dedans et au dehors, et nous renvoyons aux recueils qui en ont le mieux rendu l'aspect[5].

1. Voir sur les anciens seigneurs et le domaine de Montmort, un travail de M. le baron de Baye dans la *Revue de Champagne et de Brie*, t. XV, p. 321, 437, et t. XVI, p. 21. — Voir aussi la *Chronique de Champagne*, 1838, notice de M. Louis Paris, t. IV, p. 145 à 161, avec vue du château. — Du même auteur, autre notice dans l'*Annuaire de la Marne*, 1851, p. 385, avec vue. — Voir enfin une notice anonyme, *Paris, Le Normant*, 1857, in-8°.

2. *Topographie françoise*, par Claude Chastillon. — Voir A. Lhote, *Biographie châlonnaise*, 1870, p. 71, 72.

3. *Guides-Joanne*, Champagne et Ardennes, 1885, p. 156.

4. Bonne notice sur Montmort, son château et son église, dans le *Dictionnaire de toutes les communes de la France*, par Girault de Saint-Fargeau, 1845, t. II, p. 667. — Cf. Victor Hugo, *le Rhin*, description humoristique et pittoresque de Montmort, lettre 2, p. 48-50, édit. Furne, 1846.

5. En voici une description assez fidèle : « Le château de Montmort est une construction en briques, formant un massif carré, flanqué de quatre tours aux angles. Il est établi sur une terrasse, également carrée, de 40 m. de côté, et haute de 20 m., entourée de fossés secs avec pont-levis, et surmontée d'un belvéder nommé La Fileuse, à cause d'une girouette qui représentait une femme filant au fuseau. On arrive au château par un escalier à rampe douce,

Vu sa pittoresque brièveté, nous reproduisons en entier la description du château de Montmort, écrite par Victor Hugo, lors de son passage et de la visite qu'il y fit en juillet 1838, en allant de Montmirail à Epernay :

« Depuis Fromentières, dit-il, le pays est plat, la plaine fuit à perte de vue. Tout à coup, en sortant d'un bouquet d'arbres, on aperçoit à droite, comme à moitié enfoui dans un pli du terrain, un ravissant tohu-bohu de tourelles, de girouettes, de pignons, de lucarnes et de cheminées, c'est le château de Montmort.

« Mon cabriolet a tourné bride, et j'ai mis pied à terre devant la porte du château. C'est une exquise forteresse du XVIᵉ siècle, bâtie en brique, avec toits d'ardoise et girouettes ouvragées, avec sa double enceinte, son double fossé, son pont de trois arches qui aboutit au pont-levis, son village à ses pieds, et tout autour un admirable paysage, sept lieues d'horizon. Aux baies près, qui ont presque toutes été refaites, l'édifice est bien conservé. La tour d'entrée contient, roulés l'un sur l'autre, un escalier-à-vis pour les hommes et une rampe pour les chevaux. Au bas il y a encore une vieille porte de fer, et en montant, dans les embrasures de la tour, j'ai compté quatre petits engins du XVᵉ siècle. La garnison de la forteresse se composait pour le moment d'une vieille servante, Mᵐᵉ Jeannette, qui m'a fort gracieusement accueilli. Il ne reste des anciens appartements de l'intérieur que la cuisine, fort belle salle voûtée à grande cheminée ; le vieux salon dont on a fait un billard ; et un charmant petit cabinet à boiseries dorées, dont le plafond a pour rosace un chiffre fort ingénieusement entortillé. Le vieux salon est une magnifique pièce. Le plafond à poutres peintes, dorées et sculptées est encore intact. La cheminée, surmontée de deux fort nobles statues, est du plus beau style de Henri III. Les murs étaient jadis couverts de vastes panneaux de tapisserie qui étaient des portraits de famille. A la Révolution, des gens d'esprit du village voisin ont arraché ces panneaux et les ont brûlés, ce qui a porté un coup mortel à la féodalité. Le propriétaire actuel a remplacé ces panneaux par de vieilles gravures représentant des vues de Rome et des batailles du grand Condé, collées à cru sur le

voûté et pavé en briques sur champ, pratiqué dans l'épaisseur de la terrasse. Le grand escalier du château a 134 marches ; de sorte que la hauteur totale de l'édifice du côté de l'entrée est d'environ 52 m. La voûte des cuisines présente le millésime 1577. » *Dictionnaire des Communes*, cité plus haut.

mur. Ce que voyant, j'ai donné trente sous à Mlle Jeannette, qui m'a paru éblouie de ma magnificence.

« Et puis j'ai regardé les canards et les poules dans les fossés du château, et je m'en suis allé[1]. »

Consignons seulement ici nos propres remarques, prises sur place au sujet de détails omis ailleurs. Au bas de l'escalier de la tourelle d'entrée, sur la gauche, on voit toujours la porte en fer du xvi° siècle, signalée par Victor Hugo, encore munie de son armature formant un curieux et peut-être rare spécimen intact de la serrurerie de l'époque. — Un petit canon de rempart, monté sur son affût, a gardé sa place au sommet de l'escalier qui aboutit au terre-plein du château. En franchissant sur la terrasse le seuil de l'habitation à l'est, on lit au-dessus de la porte la date de 1577, surmontant l'écusson en losange de Jeanne de Hangest, veuve de Claude Daguerre, qui construisit le château actuel : *d'argent à la croix de gueules chargée de cinq coquilles d'or.* — Les pièces du rez-de-chaussée, assez basses, sont entièrement voûtées sur nervures ; la salle à manger circulaire, éclairée au midi, a conservé tout son ancien cachet, ainsi que la cuisine, plus remarquable encore par son énorme cheminée qui s'élève sur quatre colonnes. L'ancien foyer a disparu, remplacé par un appareil moderne. A la clef de voûte, on retrouve la date de 1577 et les initiales des fondateurs.

Le grand escalier, qui monte jusqu'au belvédère, donne au premier palier accès dans la chapelle qui est installée, sous une voûte circulaire, dans la tour d'angle du sud-est : une porte à fuseaux la ferme, son retable et son mobilier datent du dernier siècle[2], sur le mur, à droite en entrant, deux plaques de marbre portent des inscriptions, datées l'une de 1707, l'autre de 1713. Cette dernière doit être l'épitaphe primitive de Françoise de Nargonne, duchesse d'Angoulême, belle-fille de Charles IX, morte en 1713 à Montmort, âgée de 92 ans, dont nous retrouverons une copie à l'église paroissiale. Une curieuse peinture est fixée au mur du vestibule en face de la chapelle ; nous ne pouvons au surplus énumérer ici tout ce qui serait digne d'intérêt dans la décoration des couloirs.

Nous devons réserver notre attention pour la *Salle des Gar-*

---

1. *Le Rhin, Lettres à un ami*, par Victor Hugo, Paris, Furne, 1846, t. I, p. 49-50.

2. Cette chapelle fut bénite, en 1711, à la demande de la duchesse d'Angoulême.

des, au premier étage, vaste et magnifique galerie éclairée au midi par de hautes fenêtres, d'où l'on aperçoit les profonds fossés et leur revêtement en lierre, le pont à grandes arches cintrées et toute la perspective des beaux arbres du parc. Le plafond à solives apparentes est recouvert de peintures à sujets variés sur tons gris et or, dont Cicéri a restauré les décors en respectant l'ancien dessin[1]. Le plus bel ornement de la galerie est la haute cheminée qui se dresse au fond de la pièce, portant sur son manteau le portrait à mi-corps du roi Henri III, accompagné sur les côtés de deux statues en pierre du plus beau caractère Renaissance, figurant la *Justice* à gauche et l'*Abondance* à droite, avec leurs attributs respectifs. Les plaques de marbre placées au-dessous n'offrent pas d'inscriptions ; l'ancienne taque a disparu. Les murs devaient être primitivement tendus de tapisseries ou embellis de fresques, ils sont aujourd'hui recouverts de sept grand panneaux avec peintures dans le goût du xvii° ou xviii° siècle, représentant les *Œuvres de miséricorde*. Çà et là apparaissent les armoiries des marquis de Montmort, de la famille Rémond qui possède encore le château : *de gueules à 3 roses d'argent, 2 et 1*.

De la *Salle des Gardes*, on pénètre dans la petite pièce, dite *Cabinet de Sully* et nommée ainsi uniquement à cause de la possession du domaine au commencement du xvii° siècle par la maison de Béthune-Sully, sans que l'on sache positivement si le ministre de Henri IV y a fait sa demeure. Ce cabinet, qui est compris dans la tour d'angle du sud-ouest, se trouve parallèle à la chapelle ; il a été décoré à une époque récente dans le genre Henri IV, ses lambris sont peints en blanc avec un semis de doubles palmes en or unies par une couronne.

Ce sont là les vraies pièces historiques du château, les seules ouvertes aux visiteurs. On fait ensuite le tour de la terrasse carrée qui règne sur chaque face du donjon, et l'on redescend à la première enceinte par l'escalier de la tourelle, si singulier et si original de construction.

Le château n'est pas la seule curiosité de Montmort, bien qu'elle en soit la principale. On aperçoit en arrivant au bourg, vers l'ouest, un grand édifice du xii° ou du xiii° siècle, avec nef, transept et chevet carré, qui était l'église d'un prieuré de l'or-

---

1. Il y a de l'analogie entre ce plafond de Montmort et celui de la galerie de la maison Hourlier, n° 19, rue Sainte-Marguerite, à Reims. Ces œuvres sont si rares aujourd'hui qu'il y a un grand charme à les comparer l'une à l'autre.

dre de Cluny[1]. Des habitations ont été aménagées dans le chevet et le croisillon nord, et la nef sert de remise ou de cellier,
selon le gré des locataires. On distingue encore, au-dessus des
travées de la nef, les traces de curieuses peintures murales du
moyen âge, découvertes en 1883, et exposées depuis à bien des
risques ; on a aussi, à la même date, retrouvé des sépultures
sous le pavé de la nef[2].

L'église paroissiale de Montmort, sous le vocable de Saint-
Pierre, est située vers l'est, tout à l'opposé du prieuré, et de
l'autre côté du château, elle se trouve en dehors du bourg
pour ainsi dire. Mais elle mérite une visite attentive, et elle
serait digne d'une description minutieuse qui n'a pas encore
été publiée, à notre connaissance. Au dehors, sauf la corniche
de la nef avec modillons à figures, rien d'intéressant : la tour
du carré du transept a été démolie, et remplacée par un clocher en charpente. Le porche, aussi large que la nef, et la nef
entière sont du XII° ou du XIII° siècle ; les bras du transept et
l'abside à trois pans datent, au contraire, de la fin du XV° siècle. Non seulement l'architecture offre à l'intérieur matière à
un examen, mais les œuvres d'art et les souvenirs historiques
abondent dans tout l'édifice : sept grandes fenêtres de l'abside
et des croisillons ont gardé leurs vitraux primitifs, et bien
qu'ils aient été réparés, vers 1847, on y voit encore beaucoup
des figures et des médaillons intacts[3]. Nous remarquons surtout le vitrail du fond qui représente la scène du Calvaire,
celui du croisillon sud qui offre les emblèmes des litanies de la
Vierge, peints en couleur jaune sur fond bleu, et l'un de ceux
du croisillon nord, au bas duquel on lit ce nom et cette date :

> *Balthasare Beth, son procureur,*
> *De celle verrière fut le donateur,*
> *1500.*

Beaucoup d'autres mentions et légendes, armoiries et devi-

---

1. Prioratus immediate subditi Prioratui B. M. de Charitate ad Ligerim,
Ordinis Cluniacensis : « Prioratus B. Mariæ Montis-Mauri (vulgo Mont-
more), ad quinque leucas prope Sedanum (Sézanne), Catalaunensis diœce-
sis. » Voir le *Pouillé général des Abbayes de France*, Paris, Gervais
Alliot, in-8°, 1626, p. 49.

2. Voir sur ces découvertes la *Revue de Champagne et de Brie*, t. XV,
p. 415.

3. Église de Montmort, mention de la réparation de ses vitraux du
XVI° siècle par M. Vincent Larcher, peintre sur verre, à Troyes, sous la
surveillance de M. le comte de Mellet, dans les *Annales archéologiques de
Didron*, 1847, t. VII, p. 51 ; — et dans le *Bulletin du Comité historique
des Arts et Monuments* (1849-51), t. I, p. 16.

ses courent au bas de ces précieux panneaux, et leurs textes
devraient tous être transcrits. Ailleurs, ce sont des portraits
de personnages du temps. Il en est de même aux fenêtres du
bas côté nord, où nous relevons à la hâte ce quatrain signalant
un donateur et que nous citons de mémoire, faute de temps
pour le copier :

> *Pierre de Oiry natif,*
> *Faisant à Montmort son domaine,*
> *A servir Dieu bien attentif,*
> *A donné...*

Dans l'abside, du côté de l'épître, s'ouvre un enfeu, malheureusement mutilé, dont l'arcade forme une niche cintrée, qui
est décorée de fines sculptures de la Renaissance et porte
encore des fragments d'inscriptions. C'est une sépulture de la
famille de Hangest[1]. D'autres épitaphes se lisent dans le transept[2], notamment celle dont nous parlions plus haut, de Françoise de Nargonne, duchesse d'Angoulème, belle-fille de Charles IX, décédée au château de Montmort, le 10 août 1713, âgée
de 92 ans[3]. Ses entrailles ont été seules laissées dans l'église
de Montmort, son corps a été transporté à Sézanne le 24 août,
et fut inhumé dans cette ville « selon la dernière volonté de la
défunte ». Voici d'ailleurs le texte de l'inscription de Montmort :

> *Ici sont renfermées les entrailles de très haute et très puissante*
> *princesse, Françoise de Nargonne, duchesse d'Angoulème, veuve*
> *de très haut et très puissant prince, Charles de Valois, fils légi-*
> *timé de Charles IX, roi de France, morte en ce lieu le 10 août 1713,*
> *âgée de 92 ans, après avoir passé 68 ans de viduité dans la retraite*
> *et dans la pratique de toutes les vertus chrétiennes.*

1. La famille de Hangest portait : *d'argent à la croix de gueules,*
chargé de cinq coquilles d'or, à la face crénelée d'azur en chef. — Le
tombeau qui se trouve dans le sanctuaire de l'église de Montmort, a reçu les
restes de Louis de Hangest et de Marie d'Athies, sa femme, qui moururent
le même jour, dans la même salle et le même lit, ainsi que le rapporte l'inscription. Il est à regretter que ce monument ait été mutilé. — Des carreaux
vernissés aux armes de cette famille et provenant du château de Montmort,
sont déposés dans la galerie du château de Baye.

2. Voir l'épitaphe de Claude Le Blanc, prêtre qui avait été marié, natif
de Montmort et inhumé en 1651 dans le croisillon sud de l'église de ce lieu,
reproduite par M. H. Menu, d'après l'Album Gastebois, dans le *Bulletin
monumental*, t. LVIII, 1893, p. 38.

3. L'inscription, fixée près de l'autel du croisillon sud, nous paraît une
reproduction moderne de la plaque conservée dans la chapelle du château,
qui doit être l'inscription originale, déplacée peut-être au moment de la
Révolution.

Intérieur de la chapelle du Château de Baye

Chapelle du Château de Baye

Cette princesse, véritable modèle d'esprit et de sagesse dans le monde, curieux exemple de longévité, était fille d'un gentilhomme des environs de Sézanne, et avait épousé, jeune encore, le vieux Charles de Valois, duc d'Angoulême (1573-1645), fils légitimé de Charles IX et de Marie Touchet. Veuve à vingt-quatre ans, elle passa les soixante-huit années de son veuvage dans son château de Mareuil-en-Brie, puis se retira près de sa petite nièce à Montmort[1].

Signalons enfin avant de sortir de l'église de Montmort quelques tableaux, des boiseries, etc., surtout la chaire à prêcher, fixée à un pilier de la nef sur la droite : elle est en bois, d'une sculpture très fouillée, avec un riche panneau en relief sur le devant, offrant l'image du Père Éternel ; la rampe de l'escalier est à jour ; nous lui donnerions pour auteur l'artiste qui a sculpté la belle porte à deux vantaux de l'église de Dizy (Marne) : c'est la même facture et le même style.

En reprenant la route, on traverse le bourg qui n'offre aucune particularité, et l'on arrive bientôt au village de La Caure, où se trouve la ferme du château de Montmort, reliée au parc par une avenue.

De La Caure à Champaubert, rien à signaler, si ce n'est l'étendue du plateau, humide mais fertile, où l'œil ne rencontre qu'un horizon monotone : c'est l'emplacement du fameux champ de bataille du 10 février 1814.

Le village de Champaubert est assis au bord de la grande route d'Allemagne, allant de la Ferté-sous-Jouarre à Châlons-sur-Marne par Montmirail[2]. Sur la gauche en arrivant, se présente une assez vaste maison qui est la ferme où l'on dit que Napoléon coucha le soir du combat, et qui porte encore un boulet à sa façade. En face, dans un espace ménagé à l'angle de l'autre côté de la route, s'élève le monument commémoratif de cette victoire, l'une des dernières remportées sur les Alliés et dont l'histoire est bien connue. C'est en 1865 que les huit

---

1. *Revue de Champagne et de Brie*, t. IV, p. 239. Dans la copie que donne cette Revue, de l'épitaphe de la duchesse d'Angoulême, l'âge est inexactement rapporté. Sur cette princesse, voir même Revue, t. XIII, p. 218; et *Revue Britannique*, août 1880. — Cf. *Notes sur le château de Montmort*, par le baron J. de Baye, 1884, p. 25-26, où se trouve son acte de sépulture.

2. L'église de Champaubert, dont le clocher est très écrasé, est un édifice de l'époque romane, sous le vocable de Saint-Remi. Elle renferme deux statues du xve siècle, sainte Catherine et sainte Marguerite, les saintes de Jeanne d'Arc.

canons pris sur l'ennemi dans cette lutte héroïque ont été
groupés, la bouche en l'air, autour d'une colonne à fût cannelé
en pierre et surmontée de l'Aigle impériale en bronze. Sur le
socle, on a tracé les noms des principales batailles de la Campagne de France, et rappelé la souscription nationale qui per-
mit d'ériger ce glorieux trophée.

II. — Le Village de Baye, l'Église, le Chateau
et ses Collections.

Le plateau de Champaubert aboutit au sud à la vallée du
Petit-Morin : on y descend par un vallon dont le village de
Baye, fier de son passé et de son présent, ancien chef-lieu de
la baronnie de ce nom, occupe la partie supérieure[1]. De beaux
bouquets d'arbres ombragent cette gorge, au fond de laquelle
coule un ruisseau venant des bois d'Andecy. Les maisons de
Baye sont bien construites, et l'aspect des rues, arrosées
d'eaux courantes, est aussi propre que riant.

Sur la gauche, se présente l'église, monument complet de la
première époque gothique, sauf le clocher refait en charpente.
Elle est située à peu près au milieu de la commune, sur le côté
de la rue principale, dans un endroit très pittoresque. Elle-
même attire l'attention, rien qu'à l'aspect de sa façade : un
grand peuplier d'Italie se dresse en avant, et sur le premier
contrefort de la nef, à gauche, pousse un bouleau, déjà de
belle venue, curieux phénomène de végétation parasite.

Le porche est conservé dans toute son étendue, et de même
la nef, les chapelles, le chœur, terminé carrément, sont fort
bien entretenus quant à l'architecture, mais décorés riche-
ment (sans que les lignes gothiques en souffrent) d'autels, de
boiseries, de grilles et d'œuvres d'art de toute nature dans le
style des derniers siècles. Il y aurait là un inventaire mobilier
des plus complets à dresser ; il y aurait aussi à visiter la crypte
sur l'emplacement de laquelle reposa, dit-on, le corps de saint
Alpin, évêque de Châlons, né et mort à Baye au ve siècle.
Mais le temps presse, et ces curiosités seront décrites par
d'autres[2].

1. *Quelques documents historiques relatifs à la baronnie de Baye,* par
le baron J. DE BAYE, in-8°. *Paris, Menu,* 1880, brochure de 24 pages,
extraite de la *Revue de Champagne et de Brie,* 1880. — Il se trouve une
vue du château de Baye dans la *Topographie de la France* par Claude
Chastillon. — Cf. *Le château de Baye,* par Ol. de Lavigerie, *Paris, Féchoz,*
1891.

2. *Bulletin archéologique du Comité des Arts et Monuments* (1837-48),
t. II, p. 331.

En continuant à descendre, on arrive au château, placé du même côté de la route que l'église, et en contre-bas de la chaussée. Deux anciennes tours avec toitures en poivrière en signalent l'approche, et bordent une terrasse plantée de gigantesques platanes qui masquent l'habitation sur la rue. On pénètre dans la cour qu'ombrage un magnifique cèdre, et l'on a en face de soi la façade principale, d'aspect du XVIIᵉ siècle, flanquée de pavillons à hautes toitures, et accompagnée en retour d'une galerie du XVIᵉ siècle qui fait suite à la chapelle, vénérable et seul reste du château du commencement du XIIIᵉ siècle. A tout seigneur tout honneur, décrivons d'abord ce produit si pur de l'art du moyen âge.

La chapelle est orientée, et son abside, tournée vers le parc, a conservé ses épais contreforts, surmontés de minces appliques montant jusqu'à la corniche. Il ne subsiste, comme livré au culte, que l'étage supérieur, la partie inférieure (ayant pu servir de crypte ou chapelle basse) a été, de longue date sans doute, transformée et remaniée d'une façon méconnaissable. La plus exacte description que nous puissions donner de ce petit édifice, au dehors comme au dedans, c'est de dire qu'il est une réduction de la chapelle de l'Archevêché de Reims : même plan, même aspect, mêmes détails. Serait-ce une œuvre de Jean d'Orbais, l'architecte certain de l'abside de Notre-Dame de Reims et peut-être aussi celui de la chapelle archiépiscopale contemporaine? C'est une simple hypothèse, mais elle vaut la peine d'être posée [1].

Pénétrons dans le sanctuaire par la porte qui s'ouvre en face de la galerie, et admirons cette voûte élancée dont les nervures retombent sur des colonnettes munies de chapiteaux à crochets. Une travée de nef, plus longue que large, précède une abside à sept pans. Le coup d'œil est complet.

Cinq fenêtres, en arc brisé, éclairent l'édifice au fond et vers le nord ; les autres ouvertures du mur sud et de la façade vers l'ouest sont aveugles ou ont été bouchées. La merveille de cette chapelle, c'est qu'elle a conservé ses vitraux primitifs presqu'intacts, avec leurs médaillons du plus brillant coloris et du plus beau genre gothique. Au vitrail du fond, les scènes sont celles de la Passion et du Calvaire ; sur la gauche, c'est d'abord l'arbre de Jessé, puis des scènes de la vie du Christ et de celle de la Sainte Vierge, avec leurs légendes lisibles çà et

---

1. Voir les plans et la coupe de la chapelle de l'Archevêché de Reims dans les *Annales archéologiques*, Didron, 1855, t. XV, p. 213.

là. C'est bien à tort que le Guide-Joanne indique dans ces vitraux les scènes de la vie de saint Alpin[1]. Il faut de même rectifier son assertion du pavage de l'édifice en carreaux du moyen âge avec figures et décoration en tons jaunes sur fond rouge : ce carrelage a existé, mais il n'en subsiste que des débris replacés au marchepied de l'autel et dans un endroit réservé sur le côté droit de la nef[2]. Partout ailleurs, ce sont des dalles modernes, l'autel en pierre est aussi moderne que le reste du mobilier. Mais ce qui est à signaler encore, comme précieux vestige et œuvre d'art, c'est la statue en pierre de la Sainte Vierge tenant l'Enfant Jésus, qui domine le retable. Au-dessous des fenêtres, s'ouvrent plusieurs niches en arc brisé ou carrées, servant les unes de piscine et les autres d'armoires.

Avant de sortir de cette chapelle d'un caractère si différent du reste du château, donnons aux touristes ce renseignement recueilli de la bouche de M. le baron J. de Baye, c'est qu'elle fut à la Révolution divisée en deux étages dans sa hauteur, celui du dessus fut rempli de fourrages, et celui du bas de bois. Cette circonstance explique la disparition des anciens vitraux dans les panneaux inférieurs des fenêtres, et leur conservation dans le haut. Il y eut heureusement moins de dégâts qu'on aurait pu le craindre, et la plus forte partie de ces vitraux, vieux de sept à huit siècles, survit dans un ensemble plein d'harmonie et de charme.

En quittant la chapelle, on a devant soi le vestibule de la galerie, et la galerie elle-même, longue et large pièce recouverte d'un plancher à solives apparentes, éclairée de chaque côté par des fenêtres alternant l'une avec l'autre. C'est dans ce local si favorable à l'étude et au recueillement et jusque-là

---

1. *Guides-Joanne*, Champagne et Ardennes, 1885, p. 157, courte description de la chapelle du château de Baye à propos de laquelle l'auteur commet trois erreurs : 1° le corps de saint Alpin n'y a pas reposé dans une crypte : c'est à l'église paroissiale qu'est attachée la tradition de cette sépulture ; 2° le carrelage vernissé du moyen âge a disparu de partout, sauf du marchepied de l'autel ; et 3° les vitraux ne représentent pas les scènes de la légende de saint Alpin.

2. Le reste des carreaux de la chapelle figure dans la nombreuse collection des carreaux analogues provenant de divers édifices de la Champagne, qui est l'une des richesses de la galerie de Baye. Les dessins en ont été tous relevés par M. l'abbé Chevallier, membre de la Société française d'Archéologie, et seront de sa part l'objet d'un travail d'ensemble. Un premier relevé avait été publié dans le volume du *Congrès archéologique de Châlons*, 1875, p. 247.

livré à l'abandon, que M. Joseph de Baye installa, il y a une vingtaine d'années, un musée préhistorique, gaulois et gallo-romain, créé de toutes pièces par lui à l'aide de ses découvertes dans les environs de Baye et le département de la Marne. Avec les collections Léon Morel à Reims, Counhaye à Suippes, et Auguste Nicaise à Châlons, c'est l'une des plus belles créations dues à l'initiative privée en vue de recueillir les antiquités de la région. Ne nous plaignons pas de ces exhibitions rivales de nos Musées, elles en sont le complément et le stimulant, en même temps qu'un but attrayant pour nos Congrès et l'honneur de notre pays en face des étrangers [1].

Notre récit ne comporte pas, on le comprend, la description des milliers d'objets contenus dans ces armoires, rangés sous ces vitrines, accrochés aux murs ou déposés sur les dalles. Une notice, sous forme d'aperçu, serait bien superficielle et hors de proportions avec un tel ensemble. Bornons-nous à souhaiter que l'heureux créateur et possesseur d'un Musée qui s'étend de l'époque quaternaire à l'époque gallo-romaine et au moyen âge, depuis l'ère chrétienne jusqu'à la Renaissance et plus loin encore, en dresse et en publie lui-même bientôt l'inventaire détaillé et raisonné [2]. Ses richesses, si admirablement groupées, classées avec tant d'ordre et de soins, ne perdront pas à être cataloguées pour le profit des érudits qui les visitent, avides de les connaître et d'en garder le souvenir. Après tant d'investigations personnelles, de comparaisons, de publications en France et de recherches à l'étranger, ce catalogue serait comme le journal des travaux successifs, le point de départ et d'arrivée dans les plus hautes régions de la science préhistorique, hier inconnue dans ses éléments, déniée et décriée, et aujourd'hui étudiée dans les Congrès de l'Ancien et du Nouveau Monde [3].

1. *Société française d'Archéologie*. Congrès de Châlons-sur-Marne, 1875. Compte-rendu, excursion à Baye, p. 187 à 216. — *Association française pour l'avancement des Sciences*. Compte-rendu de la 9e session, tenue à Reims en 1880. Excursion d'Epernay et de Baye, p. 1263 ; Collections de M. le baron Joseph de Baye, p. 1281-83.

2. En dehors des objets antiques, la galerie de Baye contient aussi de belles et nombreuses pièces du moyen âge, carreaux vernissés, statues, sièges, bahuts, etc., et beaucoup de curiosités des xvie, xviie et xviiie siècles ; citons la chaise en faïence de Stanislas, roi de Pologne.

3. Les publications de M. le baron de Baye, membre résidant de la Société des Antiquaires de France, sont trop nombreuses pour pouvoir en dresser ici la bibliographie. Notons seulement celles qu'il nous a offertes comme étant les préludes, les témoins de l'origine locale de ses études :

Il devrait en être de même, à notre avis, pour les innombrables œuvres d'art, meubles et souvenirs de famille que nous avons visités dans les autres appartements du château. L'inventaire général en formerait aussi un assez vaste et curieux répertoire, et déjà celui des portraits principaux a été publié, à la suite de renseignements sur les anciens possesseurs du domaine[1]. C'est qu'en effet pour bien comprendre l'intérêt de ce mobilier et en apprécier les provenances diverses, il faut connaître les noms des personnages qui ont vécu au château de Baye et l'ont tour à tour possédé et embelli[2]. Il semble que tous les styles s'y donnent rendez-vous, et l'on s'étonne que tant d'objets aient pu rester à leur place historique, à travers les bouleversements et les variations des familles et de la société. Préservé à la Révolution, le mobilier a été entretenu depuis avec un soin pieux et conservé religieusement à sa place traditionnelle.

Loin d'avoir la prétention de tout citer, voici les œuvres qui nous ont le plus frappé et séduit au rez-de-chaussée : les plaques en faïence de Delft qui garnissent le fond des niches dans la salle à manger ; les armoires genre Boule avec incrustations d'étain et de cuivre, le bureau avec incrustations d'ivoire, les sièges et les fauteuils des salons, et, parmi les tableaux, le magnifique portrait de l'intendant de Champagne, Michel Larcher, attribué à Largillière. — Au premier étage, où conduit un large escalier avec rampe en fer forgé de style Louis XIV, les chambres ont des ameublements complets sur la valeur desquels nous n'insisterons pas, et offrent une suite de tableaux à l'huile et au pastel, parmi lesquels nous distinguons le grand portrait de Mme de Pléneuf et de sa fille enfant, peint par Nattier, celui d'une D[lle] de Baye, signé *Vigée-Lebrun*, et le groupe d'enfants costumés en savoyards, peint par Drouet. Voilà quel-

---

Grottes de Baye, Pointes de flèches en silex à tranchant transversal, 1874. — *Grottes de la vallée du Petit-Morin*, 1875. — D'ailleurs, pour pousser plus avant l'examen de tant d'objets divers et de tant de questions encore débattues, il faudrait une compétence spéciale qui nous fait défaut.

1. *Revue de Champagne et de Brie.* — Baye, château et châtellenie, fiefs, aveux, documents historiques, t. IX, p. 106 et 334 ; — liste des tableaux et des portraits qui y sont conservés, t. IX, p. 339-41.

2. La terre de Baye, au xvi⁰ siècle, était possédée par le duc de Nivernais. Catherine de Clèves, duchesse de Guise, la céda en 1603 à la famille Delon de Lorme ; elle fut vendue, vers 1618, à la famille Larcher, puis cédée par échange de cette dernière, en 1708, à la famille Berthelot de Pléneuf, originaire de Bretagne, qui la possède encore actuellement.

ques morceaux de choix qu'un simple coup d'œil grave dans la mémoire.

La façade de l'habitation donnant sur le parc a subi, comme tout le reste du château, des remaniements et des embellissements qui rendraient bien difficile une attribution d'époque précise. Les murs ont partout une épaisseur énorme, les toitures une grande élévation, en outre, l'une des baies d'un pavillon latéral est surmontée d'un arc en accolade qui remonte au XVIe siècle ; on est donc forcé de reporter la construction à une date bien plus reculée que le style du fronton triangulaire, genre XVIIIe siècle, qui a été élevé au milieu du corps de logis principal.

Les titres et les papiers de famille pourraient seuls donner la date des restaurations successives [1].

Il ne nous resterait plus qu'à décrire le parc qui s'étend au sud du château et longe le vallon qui aboutit au Petit-Morin, si nous avions eu le temps de le parcourir : nous avons seulement vu qu'il contenait de très beaux arbres, des cèdres et des platanes épars sur les pelouses. Une teinte d'automne régnait sur tout ce paysage sans lui enlever son charme. On ne quitte d'ailleurs qu'à regret le château de Baye, où l'accueil est aussi hospitalier que bienveillant [2].

En regagnant la gare d'Epernay, nous songions à ces autres demeures historiques, à proximité desquelles nous avions passé sans espoir de les visiter : les anciennes abbayes d'Argensolle, de la Charmoye, du Reclus et d'Andecy, les châteaux de Mareuil-en-Brie, d'Etoges (ce qu'il en reste)[3], et de Congy.

---

1. Voir la publication de 32 pages in-4º faite par M. J. de Baye, à Châlons, imprimerie T. Martin, sous le titre : *Baronnie de Baye, documents historiques*, et contenant 1º une vue du château gravée par le comte H. de Gourcy, 2º une reproduction de la gravure de Chastillon intitulée : *Baye, maison très ancienne et notable baronnie en Brye*, 3º Vue moderne d'après le dessin de M. l'abbé Chevallier, et 4º deux planches d'écussons à la fin.

2. Quelques jours après notre visite, le 18 novembre 1892, un deuil profond s'étendait sur le château de Baye, par suite du décès de M. Auguste Berthelot, baron de Baye, comte de Saint-Laurent, père de MM. Joseph et Jean de Baye.

3. Le château d'Etoges subsiste toujours, mais diminué dans son enceinte et appauvri dans sa décoration. Voir *La galerie d'Etoges peinte par J. Helart de Reims*, notice de Louis Paris, extraite du *Cabinet Historique*, 1871. Cette galerie, du moins, est sauvée pour l'avenir, ayant été acquise par M. Alfred Werlé, en 1880, et transportée par lui à Reims, démontée panneau par panneau, pour être reconstituée plus tard dans son entier développement. Puisse cette résurrection avoir lieu de nos jours !

Puis, au delà du cercle de cette excursion, nous apparaissaient en rêve le rétable de Fromentières, l'église d'Orbais, le château de Montmirail, et nous rentrions dans l'arrondissement de Reims avec cette pensée pratique qu'il est bon quelquefois de sortir de chez soi, autant pour son instruction que pour son plaisir.

Henri JADART.

Reims, le 15 novembre 1892.

———

ÉGLISE DE BAYE

APPENDICE

—

Inscriptions anciennes de l'église d'Epernay.

Nous n'avons pas la pensée de donner ici l'épigraphie des anciens monuments d'Epernay, ni même celle de son église actuelle, dont nous ne connaissons l'histoire que superficiellement, mais nous voulons reproduire simplement quelques textes copiés sur les murailles de ce dernier édifice. Nous les publions dans la crainte que ces documents originaux ne viennent à disparaître lors d'une reconstruction, malgré tout le soin qui sera certainement apporté à leur translation. Ils sont d'ailleurs peu nombreux, quatre seulement, très courts et de provenances diverses ; les voici par ordre chronologique.

Le premier texte n'est, à vrai dire, qu'une inscription moderne, commémorative d'une ancienne sépulture et de la fondation de l'église, dont nous n'avons pas à vérifier l'exactitude historique en ce moment. On lit sur une plaque de marbre noir, encastrée sous la première fenêtre de la nef latérale du sud près du chœur, en lettres capitales dorées :

CI GIST, INHUMÉ EN 1090
LE COMTE THIBAULT I
FILS DE EUDES II,
COMTE DE CHAMPAGNE,
FONDATEUR DE CETTE ÉGLISE EN L'AN 1032
ET DECEDÉ L'AN 1037.

Au bas de la même nef latérale, se dresse appliquée contre la muraille une magnifique dalle funéraire du moyen âge, rapportée en ce lieu des ruines de l'ancienne abbaye d'Argensolles (Marne), et restaurée avec beaucoup de luxe décoratif.

La figure en pied d'une abbesse de ce monastère, Marguerite de Chasteauvillain, morte en 1351, s'y voit gravée au milieu d'un très riche encadrement gothique. La légende court sur la bordure en caractères très lisibles du XIVe siècle :

Ici . gist . noble . religieuse . dame .
Marguerite . de . Chastelvilain .
Abbesse . de . labbaye . durgensolles .
Qui trepassa lan . MCCCLI.

4

Un estampage et mieux encore une photogravure pourraient seuls rendre l'aspect entier de cette tombe historique, si heureusement sauvegardée de nos jours[1].

La troisième inscription, qui n'est qu'une simple date, mais une date importante pour l'histoire de l'art français à la Renaissance, se trouve sur les montants du petit portail latéral dont elle fixe la construction. On y lit en lettres gothiques dans un petit motif oblong qui se détache des fines sculptures de la paroi, du côté droit et du côté gauche :

Commencé fut en iuillet 1540

Ensuite nous avons remarqué, à l'intérieur, une plaque encastrée au premier pilier près du chœur, sur la face vers le sud, formant une jolie épitaphe du xvıᵉ siècle, d'une conservation parfaite. Les deux écussons du sommet et les lettres du texte tout entier sont sculptés en relief dans un marbre noir, qui est encadré dans une bordure moderne en marbre rouge. (Hʳ 0ᵐ55, Lʳ 0ᵐ38.) Les armoiries des défunts se détachent à la partie supérieure, au milieu de rinceaux et d'arabesques d'un dessin fort élégant : d'un côté sont les armes du mari, Jean Biache, qui portait dans son blason une flèche, la pointe en bas, accompagnée de deux étoiles et de deux grappes ; et de l'autre côté, les armes de la femme, Marie Thiret, qui portait aussi une flèche (blason parlant) surmontée d'un chevron et de deux rinceaux ou tiges de fleurs recourbées. Ne pouvant en offrir le fac-simile, nous nous bornons à cette description sommaire, et nous donnons le texte sans les abréviations trop difficiles à reproduire en typographie :

Cy gist honᵇˡᵉ homme Jehan
Biache marchant demourant
a espernay Auge de 61 an
qui decedu le 15ᵉ septembre
1607
Et Marie Thiret sa femme
Aagée de 71 ans qui decedu
le 6 iuiny 1623 priez dieu por eulx

Nous ignorons la place primitive de ce petit monument, ainsi que l'histoire des familles Biache et Thiret, mais il nous

1. Le *Gallia Christiana* fait à l'article d'*Argensolles* mention de cette abbesse : « Margarita I de *Chastel-Vilain* vivis exuntur 13 Martii 1351, sepulta iu choro cum epitaphio. » *Ecclesia Suessionensis*, t. IX, col. 479.

CHÂTEAU DE BAYE, d'après une eau-forte de M. H. de Gourcy
Entrée du Château et façade sur le parc

semble qu'on en retrouverait trace dans les archives de la ville.

Il nous reste à signaler trois inscriptions modernes et relatives à des faits et à des personnages contemporains. L'une, sur la gauche du chœur, relate la consécration de l'église actuelle d'Epernay par M⁰ʳ de Prilly, évêque de Châlons (28 août 1832); l'autre, du côté opposé, rappelle le souvenir d'un bienfaiteur de l'église et des pauvres, M. Périer ; et enfin une dernière vient d'être posée dans la nef latérale du sud à la mémoire de M. l'abbé Appert, chevalier de la Légion d'Honneur, archiprêtre d'Epernay.

Nous produisons aussi deux inscriptions funéraires que nous croyons inédites, intéressant deux communes de l'arrondissement d'Epernay ; l'une vient de l'ancien prieuré de *Montléant* ou *Monthelien*, près Montmirail, et l'autre d'*Esternay*. Nous ne les avons pas transcrites nous-même, mais elles nous ont été fournies par des mains sûres. La première est une copie ancienne d'après un texte du xvᵉ siècle ; la seconde a été relevée sur place par un chercheur.

I

1460, 20 août. « Copie d'une épitaphe étant dans l'église de Monthelien-les-Montmirail-en-Brye, devant le grand autel, en grosses lettres de cuivre ou de léton :

Ci git honorable et saige maistre Guillaume de Champeaulx, licencié ès loix, jadis baillif de Montmirail, qui trespassa le 4ᵉ jour de novembre l'an mil quatre cens et cinq. Priez Dieu pour l'ame. — Cy gist damoiselle Ysabel, femme dudit maistre Guillaume, qui trespassa le tiers jour de novembre, l'an mil trois cens soixante et huit. P... z Dieu pour l'âme de elle. » (Document transcrit sur l'original par M. Duchénoy, employé à la Bibliothèque de Reims, sans indication de source.)

L'église de Monthelien était celle d'un ancien prieuré cluniste, dépendant du prieuré de Coincy, aujourd'hui faubourg de Montmirail nommé Montléant. Rien d'étonnant à ce qu'un bailli de Montmirail ait été inhumé en cette église ; les érudits locaux verront le *Dictionnaire topographique de la Marne*, par A. Longnon, p. 175-176.

II

La petite église d'Esternay (Marne) renferme une pierre tombale intéressante dont nous avons eu l'occasion de relever récemment l'inscription. Elle est encastrée dans le sol même de l'église, à gauche du chœur, dans un passage qui fait communiquer le chœur avec la chapelle de la Vierge :

(couronne de marquis)
(double écusson)
CY GIST
HAUTE ET PUISSANTE DAME
MADAME CLAUDE DE FABERT
MARQUISE D'ESTERNAY, VEUVE
DE HAUT ET PUISSANT SEIGNEUR
MESSIRE CHARLES HENRY
DE THUBIÈRE DE GRIMOARD
DE PESTEL ET DE LEVY CAYLUS
CHEVALIER, MARQUIS DE
CAYLUS, DÉCÉDÉE LE 1er AVRIL
1728
REQUIESCAT IN PACE !

Claude de Fabert, fille du célèbre maréchal de ce nom, gouverneur de Sedan, était née en 1645, et épousa en 1663 le marquis de Caylus qui mourut en 1679. Elle lui survécut cinquante-et-un ans, et porta le titre de marquise d'Esternay, où elle mourut en 1728, âgée de 83 ans, ayant eu trois fils et une fille de son unique mariage. La famille Fabert portait : *d'or à la croix de gueules* ; celle de Caylus : *d'azur à 3 molettes d'or sur un écartelé.*

H. JADART.

Reims, le 7 novembre 1893.

CHAPITRE III

Excursion de Reims à Troyes.

(10-12 décembre 1892.)

Abundat divitiis.

Le trajet de Reims à Troyes est assez long et compliqué, soit que l'on passe par Epernay et Romilly, ou par Châlons et Arcis-sur-Aube. Il faut une demi-journée pour le voyage à l'aller comme au retour, de sorte que sur trois jours consacrés à l'excursion, il en reste deux à peine pour la visite de Troyes, durée insuffisante à tous égards, plus restreinte encore par le temps sombre et pluvieux de décembre [1]. Cependant, l'heure d'arrivée est venue, et nous voici dans l'ancienne capitale féodale de la Champagne, dans cette ville où l'art a jeté un si vif éclat et semé tant de monuments et d'œuvres diverses depuis le moyen âge jusqu'à nos jours.

Heureux le touriste éclectique, celui qui concilie et admire les belles productions du style de chaque époque ! Sur cette terre d'élite, il trouvera des chefs-d'œuvre de l'école gothique comme de la Renaissance, du xviie siècle comme du xviiie. Édifices, statues, tableaux, manuscrits, miniatures, vitraux, il contemplera de merveilleux spécimens du génie humain à tous les âges, répandus avec une profusion qui ne fatigue pas, tant elle offre de pureté de ligne et de bon goût, de variété et de sincérité. La vue du respect qu'imposent les œuvres du passé n'est pas l'un des moindres charmes d'une visite aux monuments de Troyes. On sent que les générations s'y sont succédé avec le sentiment réfléchi du beau et le culte inné de la tradition, créant des merveilles en chaque siècle sans rien détruire du travail des ancêtres. Rien de banal par conséquent, rien d'artificiel ou de pure convention, même à l'époque moderne. Par exemple, on ne rencontre, dans cette patrie des Gentil et des Girardon, aucune statue de personnage contemporain sur les places publiques : les bustes de Troyens illustres n'en ont pas moins été sculptés par le ciseau des artistes les plus renommés, mais ils figurent tous ensemble dans une galerie animée et vivante, au milieu de leurs émules, dans le calme de la méditation et du silence, au Musée de sculpture.

1. Excursion faite, comme la précédente, en l'agréable compagnie de M. L. Demaison, archiviste de Reims, notre confrère à l'Académie.

Un seul monument public a trait à l'histoire actuelle, c'est celui qui a été récemment élevé, en face de la gare, à la mémoire glorieuse des enfants de l'Aube, morts victimes de la guerre en 1870-71, expression vraie et puissante d'un sentiment qui durera autant que la patrie. Une colonne en pierre, sur laquelle sont gravés les noms de tous ces héros du devoir, est surmontée d'un groupe en marbre symbolisant le dévouement et l'action guerrière des défenseurs du pays [1].

Des souvenirs de la ville forte, si redoutable au moyen âge et jusqu'au xvie siècle, il ne reste aucune trace : plus d'enceinte, plus de portes crénelées, plus de tours ni de bastions, plus même de vestiges du dernier seuil historique du château des comtes de Champagne ! Partout sur leur emplacement on a dessiné des mails et de belles avenues. Le premier coup d'œil jeté de la gare vers la ville n'a pas cependant toute l'ampleur que l'on admire à Reims et en bien d'autres villes. Il faut avancer, et alors s'ouvrent les boulevards sur la gauche, et en face, à travers la longue et droite rue qui a reçu le nom du libérateur du territoire, on aperçoit le transept de la Madeleine, la flèche de Saint-Remi, et les lanternons de la tour de la cathédrale. Le touriste entre de suite en action, et n'importe en quel sens il tourne ses pas, il trouvera merveilles à visiter et merveilles à décrire.

Ce n'est pas néanmoins ici chose nécessaire de décrire à nouveau les monuments de Troyes, ni comme ensemble ni comme détails. Le passant n'a pas la prétention en général de faire connaître aux historiens et aux amateurs d'une ville ce qu'elle possède d'antiquités et de curiosités. Tout au moins a-t-il le droit de résumer ses notes, d'exprimer son sentiment, d'indiquer ses préférences, et de rechercher les ouvrages qui fixeront ses souvenirs [2]. Troyes est certainement l'une des cités de France les mieux connues et les plus étudiées : les Congrès l'ont visitée dans ses jours de transformation [3] ; une Société

1. Ce monument a pour auteur Alfred Boucher, né à Bouy-sur-Orvin, arrondissement de Nogent, et le bas-relief qui l'entoure est de Briden, né à La Chapelle-Saint-Luc, près Troyes.

2. Nous ne pouvons songer à donner ici une bibliographie monumentale de Troyes, travail qui se trouve d'ailleurs dans le volume du Catalogue de la Bibliothèque relatif à l'histoire locale, mais nous devons mentionner comme généralement exactes et utiles les indications du *Guide Joanne, Champagne et Ardennes*, 1885, p. 168 à 178. — Signalons aussi des renseignements très abondants sur Troyes dans les *Annales archéologiques* de Didron, voir la *Table*, p. 342-43.

3. *Congrès archéologique de France. Séances générales tenues à Troyes*

académique, intelligente et active entre toutes, veille d'une façon permanente sur ses intérêts au point de vue de l'art et de l'histoire. M Ch. Fichot est en train d'en illustrer la Statistique monumentale. Rien n'est donc à découvrir dans ses murs, ni même à étudier qui n'ait pu l'être déjà. Une seule besogne utile se présente au touriste, celle de fixer l'état des monuments ou des œuvres d'art au moment de son passage, d'observer ce qui se passe, et par là seulement il rendra service aux érudits et aux historiens, même à ceux de la localité.

On ne se rend pas compte couramment de l'intérêt qu'il y a à noter au jour le jour les menus incidents ; on en laisse le soin à la presse, qui souvent les omet, ce qui fait que l'on oublie bien vite sur les lieux la date des désastres ou des réparations que subissent les monuments. L'étranger, frappé de l'état du moment, est mieux placé pour les saisir et en consigner la trace sur son carnet [1].

Les monuments religieux abondent à Troyes ; ce sont aussi, en dehors de leur destination spéciale, de véritables musées d'art chrétien, et par là même, depuis des siècles, d'art populaire et national. Les monuments civils se réduisent à l'Hôtel de Ville, à l'Hôtel-Dieu et à quelques hôtels particuliers. Les dépôts publics, la Bibliothèque et les Musées sont très riches, dignes à tous égards de fixer l'attention et de stimuler le progrès par d'utiles comparaisons avec ce que l'on tente ailleurs.

Tel est le plan que nous suivrons dans notre itinéraire à travers la ville.

1. — Monuments religieux.

A Reims, à Amiens, de très grands monuments attirent et concentrent sur eux la visite des touristes ; à Troyes, c'est la multiplicité des édifices qui retient et qui charme. Non pas que la cathédrale ne compte parmi les plus vastes du nord de la France, mais, après elle, on compte huit églises ou chapelles à visiter, et malheur à celui qui en omet une, car un cuisant

en 1853, par la Société française pour la conservation des monuments historiques. Caen, 1854, in-8, avec figures.

1. Voir sur l'état de Troyes au XVIIe siècle une relation de Du Buisson-Aubenay, mise au jour sous le titre : Voyage d'un archéologue dans le sud-ouest de la Champagne en 1646, publié avec une introduction et des notes par M. Albert Babeau, Troyes, 1886, p. 22 à 35. — Voir aussi du même érudit auteur une étude de statistique : La population de Troyes au XVIIIe siècle, 1873.

remords le poursuivra ! C'est ce qui nous arrive pour n'avoir pas eu le temps d'aller jusqu'à Saint-Martin-ès-Vignes, dont les meilleurs juges tiennent les vitraux en si haute estime [1]. Nous n'avons pas eu davantage le temps de visiter la chapelle Saint-Gilles, très curieux édifice en bois du faubourg Croncels.

Cathédrale Saint-Pierre et Saint-Paul. — La vue du chœur à l'intérieur et à l'extérieur est certainement ce qui frappe et plaît le plus dans ce vaste édifice ; c'est d'ailleurs la portion restaurée à grand frais par l'État (trop restaurée, et même refaite en partie au dehors), sous la direction de l'architecte Millet, de 1849 à 1866. Les chapelles absidales sont du commencement du xiii° siècle ; le triforium à jour, les grandes fenêtres et les voûtes ont été successivement construits, puis le transept, la nef et ses doubles collatéraux. La façade occidentale et le grand portail touchent à la dernière époque gothique, et le couronnement de la tour est dans le style de la fin de la Renaissance. Nous avons remarqué au portail du nord des revêtements ornés de quatre-feuilles, comme on en voyait au porche de l'église Saint-Nicaise de Reims.

Le coup d'œil est superbe au dedans, lorsqu'on commence la visite par le déambulatoire de l'abside : les vitraux, si bien encadrés dans l'architecture des chapelles, s'unissent à ceux du triforium et des larges baies supérieures et produisent un effet magique. Il y a beaucoup d'ampleur dans l'ensemble, de l'harmonie et de l'unité dans toutes les lignes, mais pas assez d'élancement général, et ce défaut est surtout saillant pour des yeux habitués à contempler l'abside de Notre-Dame de Reims [2]. La cathédrale de Troyes n'en possède pas moins un chœur magnifique ; des statues colossales sont adossées aux piliers du fond de l'abside ; des grilles basses d'imitation gothique entourent le sanctuaire, et une haute arcature ajourée en pierre le sépare des nefs latérales dans les dernières travées. Pourquoi avoir enlevé la grille qui le fermait du côté de la grande nef et avoir relégué cette grille en dépôt sous la tour ? C'est un tort, à notre humble avis, de vouloir trop dégager le fond des édifices et d'enlever tout ornement interposé dans la longueur. L'œil juge mieux de la profondeur quand il a des points d'ar-

---

1. Les plus beaux sont reproduits dans le *Portefeuille archéologique de la Champagne*, de Gaussen, 1861, in-folio, planches 2, 4 et 7.

2. La hauteur sous voûtes du chœur de la cathédrale de Reims est de 37 m. 95, et celle du chœur de la cathédrale de Troyes de 30 m. 25 seulement.

rêts, et d'ailleurs une grille dans le style du XVIII° siècle forme une décoration qui n'est pas sans mérite, même dans une église gothique. Ceux qui en doutent pourraient changer d'avis en voyant le bel effet produit à la cathédrale de Laon par la remise en place de l'ancienne grille du chœur. Au surplus, qui oserait à Troyes proscrire d'une manière absolue les clôtures, les grilles et les jubés, lorsqu'ils y ont donné lieu à la création de tant de merveilles?

La grande nef de la cathédrale a les beautés et les défauts du chœur, de même que les bras du transept, c'est-à-dire trop de largeur pour la hauteur. Le transept n'est pas accompagné de bas-côtés, la nef en a de doubles dans presque toute son étendue, et elle paraît encore élargie par les chapelles ménagées entre les contreforts. Le bas de l'édifice est assez sombre, et le grand orgue, élevé sur une lourde tribune, masque la rosace occidentale. Le jour viendra où la nef et le transept seront restaurés comme le chœur, et alors le vaisseau entier aura recouvré toute sa beauté.

Les vitraux de la nef continuent ceux du chœur au triforium et aux fenêtres, mais ils ne sont pas tous de la même époque, et n'ont pas été réparés. On travaille en ce moment autour des fenêtres, et une galerie en bois traverse la nef à peu près au milieu. Les rosaces du transept ont perdu leurs anciens vitraux, et ceux que l'on a replacés, vers 1845, à la rosace du sud, n'en rappellent pas la splendeur.

Les chapelles de la nef gardent de nombreux vestiges de leur ancienne décoration ; signalons, du côté nord, l'admirable vitrail du *Pressoir*, peint par Linard Gontier, scène mystique où l'on voit le Christ couché et surmonté des figures des apôtres d'une prodigieuse intensité de vie [1] ; et du côté sud, la clôture élégante de la chapelle des Fonts baptismaux, où se trouvent le groupe saisissant du *Baptême de saint Augustin*, et un tableau de la *Cène* entouré d'un délicat encadrement et autrefois recouvert de volets. Il y aurait bien d'autres détails à étudier.

Mais toute question d'art s'efface devant l'intérêt qu'offre la riche collection renfermée dans la salle du *Trésor*, où l'on accède par un escalier situé au sud du chœur. Des vitrines fort bien aménagées et provenant d'une Exposition universelle de

---

1. Une description de ce chef-d'œuvre a paru récemment dans l'un des volumes de la Société académique de l'Aube, et nous avions pu apprécier le vitrail avant de l'avoir vu.

Paris, recouvrent toute une série d'objets servant ou ayant servi au culte, pour l'examen desquels un catalogue serait nécessaire [1].

La pièce capitale est la châsse en cuivre émaillé de la fin du XIIe siècle, provenant de l'abbaye de Nesle-la-Reposte (Marne), restaurée sur les dessins de Viollet-le-Duc, et renfermant aujourd'hui les chefs de saint Bernard et de saint Malachie [2]. La châsse moderne de saint Loup est décorée d'émaux attribués à Léonard Limosin et représentant la vie du saint. Citons d'autres précieux souvenirs : les deux coffrets byzantins, celui de Blanche de Castille garni de cuivre ciselé, les trois aumônières et les psautiers des comtes de Champagne, des crosses du moyen âge, des pierres gravées, des mitres, une suite d'anneaux épiscopaux, et les belles pièces d'argenterie de la chapelle de Colbert à Villacerf [3]. Une jolie tapisserie en verdure avec écussons au centre se trouve près de la porte ; la cathédrale possède encore quatre autres tapisseries, dont une seule avec personnages. Des fragments d'étoffe, des guipures très nombreuses sont tendues sous les pièces d'orfèvrerie [4]. En fait de chasubles anciennes, il n'en reste que deux du dernier siècle, dont l'une de couleur rose servant aux dimanches de *Lætare* et de *Gaudete*. Un ancien bâton de chantre, surmonté d'une statuette de saint Sébastien et provenant, comme tant d'autres pièces, de M. le chanoine Coffinet, a été déposé au trésor ; mais il est sans emploi maintenant dans le chœur, bien qu'il ait été question récemment d'en reprendre l'usage, ainsi qu'il serait si naturel de le faire partout.

La sacristie du chapitre donne accès dans la salle capitulaire, où sont exposés plusieurs portraits des anciens évêques de

1. En dehors des objets appartenant à la cathédrale, il s'y trouve aussi un petit reliquaire émaillé appartenant à l'église de Villemaur. C'est un bon exemple de ce que l'on devrait faire pour grouper ainsi partout les œuvres d'art si exposées dans les églises rurales.

2. Voir un article de M. l'abbé Vacandard, *Un Evêque d'Irlande au XIIe siècle, Saint Malachie*, dans la *Revue des Questions historiques*, 1er juillet 1892, p. 5, avec détails sur la châsse conservée à Troyes, p. 44, note 2.

3. Sur la sépulture et les épitaphes de membres de la famille Colbert dans l'église des Cordeliers de Troyes, voir les *Ephémérides troyennes*, 1764, p. 37.

4. *Portefeuille archéologique de la Champagne*, par A. Gaussen Bar-sur-Aube, 1861, in-folio. Magnifique ouvrage où sont reproduits en or et en couleurs quelques-uns des vitraux, émaux, aumônières, manuscrits, coffrets, etc., de la cathédrale de Troyes.

Troyes, qui forment ainsi une sorte de musée historique diocésain.

Depuis la réforme liturgique romaine, il n'y a plus, pour ainsi dire, d'usages locaux, et il faut renoncer à la recherche de coutumes, jadis si curieuses à consigner dans la visite des églises [1]. Nous avons seulement observé que la procession, avant la grand'messe, avait encore lieu dans la cathédrale de Troyes, et que le plain-chant y était exécuté avec un ensemble de voix remarquable, sans musique d'aucune sorte. Un grand orgue assez puissant et une belle sonnerie y rehaussent d'ailleurs la solennité du culte.

Après avoir parlé du monument et de ses œuvres d'art, il resterait à dire un mot de ses richesses épigraphiques. Elles seraient longues à recueillir, car un certain nombre de pierres tombales du moyen âge avec figures et entourées de légendes assez frustes, se trouvent dans le dallage de la basse nef du sud et dans le pourtour du chœur. Il en est dont l'élégant dessin devrait être préservé du frottement par le relèvement des dalles contre les murs, comme on l'a fait à Saint-Urbain. Entre autres inscriptions plus récentes, nous avons remarqué, sur un marbre noir fixé au pilier près de l'entrée du chœur, vers le sud, celle d'un historien de Troyes, Camusat, dont Grosley a composé l'épitaphe et l'éloge, véritable modèle de concision et de simplicité :

HIC JACET

M. CAMUSAT

TREC. ECCLESIE CANONICUS

VITA, SCRIPTIS, MORIBUS

SACERDOTALIS ORDINIS

EXEMPLAR ET NORMA

NOSTRATIS HISTORIÆ

ALTER A PITHOEO PARENS

OBIIT OCTOGENARIUS

XIII KAL. FEB. AN. M.D.C.LV

P.-J. GROSLEY

T. R. L.   1770

L'évêché est situé au sud de la cathédrale, absolument dans la même disposition qu'à Reims, mais ses bâtiments et sa chapelle n'offrent pas le même intérêt. Nous n'avions pas d'ailleurs

1. *Voyage littéraire de deux religieux bénédictins de la Congrégation de Saint-Maur*, première partie, Paris, 1717, p. 86 à 94, intéressante description de Troyes. On y donne l'ancienne épitaphe de Camusat, p. 88, et beaucoup d'autres précieux détails.

le temps de les visiter, pas davantage que deux autres monuments voisins de la cathédrale : l'hospice, ancienne abbaye de Saint-Martin, et l'Hôtel-Dieu, vaste édifice du xviiie siècle, dont la large grille sur la rue de la Cité offre une si riche décoration, rehaussée de cartouches avec écussons peints et dorés.

Eglise Saint-Nizier. — Derrière la cathédrale, se trouve une église du xvie siècle, assez vaste comme vaisseau et dont la tour et les trois portails ne sont pas sans mérite. Elle présente à l'intérieur tout l'aspect d'une vieille paroisse avec son mobilier du dernier siècle, ses bancs à dossiers avec fuseaux, ses inscriptions éparses sur les piliers et dans le dallage. En outre, les chapelles de l'abside ont gardé leurs verrières et deux rétables de l'époque ; quelques tableaux du xviie siècle sont accrochés çà et là ; enfin, dans le bas du collatéral sud se voit un Saint-Sépulcre avec statues de grandes dimensions. Il y a impossibilité pour nous de visiter les panneaux sur verre avec portraits que l'on conserve à la sacristie.

L'inscription de la tour de l'église Saint-Nizier vient d'être moulée et déposée au Musée. Sa date y est fixée en 1602, en voici le texte entier :

> Avec solennité et chants dévotieux,
> En l'honneur du grand Dieu, l'an mil VI cens et deux,
> Fut mis de ceste tour le premier fondement,
> Le soir avant le jour du très saint sacrement[1].

Eglise Saint-Urbain. — Bâtie hors de la cité, comme toutes les autres églises que nous allons désormais parcourir, cette église est la merveille de Troyes. Elle a eu notre première et notre dernière visite, mais qu'en dire pour rendre l'impression qu'elle produit au dedans comme au dehors ? Avec la Sainte-Chapelle de Paris et Saint-Nicaise de Reims, elle prouve que la délicatesse et la grâce, jointes à la solidité, n'étaient pas exclues de l'art au xiiie siècle, car son abside et son plan datent de 1262. En voyant les roses de ses fenestrages et les feuillages saillants de ses chapiteaux, bien des archéologues lui trouveraient les caractères de l'architecture du xive siècle, mais c'est précisément là l'erreur de compter les styles par siècle. L'église Saint-Urbain, inspirée par le grand pape de ce nom, est une œuvre contemporaine de saint Louis, bien que continuée après lui et malheureusement inachevée[2].

---

1. D'après la *Revue de Champagne et de Brie*, janvier-février 1893, p. 121.

2. « *L'Eglise de S. Urbain* élevée par le Pape Urbain IV vers la fin du treizième siècle, est un chef-d'œuvre de l'architecture de ce siècle. La Sainte

Restaurée parfaitement déjà à l'abside et au transept, on poursuit en ce moment la réfection de la nef, des collatéraux et du portail occidental. Une cloison sépare l'édifice en deux et, près de la porte latérale, une longue pancarte sollicite l'aumône du visiteur pour ce grand travail. La voûte de la nef n'existait pas, on va la construire ; le pignon de la façade occidentale n'a pas été élevé, on va l'exhausser, et protéger sans doute par un porche les sculptures si remarquables du *Jugement dernier* qui surmontent le portail.

La portion restaurée défie toute critique, et les soins des restaurateurs se sont étendus jusqu'aux pierres tombales et aux statues du moyen âge qui sont mises à l'abri contre les murs et sur les galeries des chapelles latérales. Si toute expression est impuissante à décrire brièvement et à peindre la beauté de cet édifice aérien, pourvu encore de la plupart de ses anciens vitraux, il en sera de même pour la description des détails du monument, des fenêtres, du triforium à double fenestrage, et de la piscine qui s'ouvre sur la gauche du maître-autel. Un moulage nous avait permis déjà d'admirer cette prodigieuse floraison de pierre au Musée de la sculpture française du Trocadéro.

A l'entrée comme à la sortie, les porches des deux façades latérales attirent aussi l'attention par leur légèreté et leur ampleur. Quand reverrons-nous cet édifice rétabli dans toutes ses parties, harmonieux dans son ensemble et défiant de nouveau les siècles dans sa hardiesse toujours jeune ?

Église Saint-Remi. — Près des halles que l'on vient de construire, sur l'emplacement du célèbre collège fondé par Pithou [1], s'élève l'église placée sous le vocable du grand évêque de Reims. Le clocher n'a pas l'aspect roman, malgré ses baies cintrées et les modillons de sa corniche. Voici la pierre de fondation de cette tour, d'après les *Éphémérides troyennes*, de l'année 1764 :

> L'an de Grâce mille trois cens,
> Quatre vingt six, de léal cens,
> Diex jour d'April fut commencée
> Celle jolie Tour quarrée,
> Par les Marguilliers de l'Eglise
> Dieu leur doint graces et franchise.

Chapelle de Paris, S. Nicaise de Rheims, etc., n'offrent rien de plus léger ni de plus hardi. » *Éphémérides Troyennes*, 1764, p. 7.

1. *Collegium Trecopithœanum.* Voir sur ce collège et sa fondation le livre érudit et sagace de M. Gustave Carré, *L'Enseignement secondaire à Troyes* (Paris, Hachette, 1888, p. 74 à 91).

Nous ignorons si le texte est bien exact ; l'inscription existe encore, nous a dit M. Louis Morin, presque illisible, encastrée dans le bas de la muraille du clocher, du côté du midi, mais sa date proteste contre l'attribution de ce clocher au style comme à l'âge roman. Il sert de base à une flèche très élancée[1].

Le vaisseau intérieur est peu élevé, il vient d'être remis à neuf dans toutes ses parties. Sauf l'abside, qui est du xvie siècle, le reste paraît dater du xive siècle, à en juger par les chapiteaux à crochets de la nef ; un porche de la Renaissance, inaccessible en ce moment, a été ajouté à la façade vers l'ouest[2].

Ce qui nous attire de prime-abord dans cette église, au point de vue rémois, ce sont naturellement les œuvres d'art et les peintures relatives à son patron. Les·plus intéressantes se trouvent appliquées au mur du fond dans le croisillon nord : ce sont des panneaux peints en grisaille du xvie siècle, d'une provenance inconnue, et encadrés dans une boiserie de chêne. Ces panneaux, au nombre de huit, mesurent 0m85 de hauteur sur une largeur de 0m55, qui varie pour quelques-uns, représentant des scènes de la vie de saint Remi, peintes en 1552 avec une remarquable finesse et un dessin ferme, quoique encore très naïf d'inspiration. Voici les sujets représentés, dans l'ordre où ils se trouvent maintenant disposés :

1. L'Évêque debout reçoit la sainte Ampoule.

2. Scène d'un miracle, personnage nimbé en prison.

3. Saint Remi et le vase de Soissons, Clovis et ses guerriers.

4. Saint Remi agenouillé devant un autel entre saint Pierre et saint Paul.

5. Saint Remi et le meunier, paysage.

6. Saint Remi bénit les tonneaux.

7. Le donateur agenouillé, son écusson chargé d'une couronne et d'une navette.

8. La donatrice agenouillée, et sur le prie-dieu son écusson en losange : de gueules à la bande d'or, avec merlette et lambel.

La date se lit à côté : MilVcLII Aoust VI.

D'autres panneaux du même genre, mais étrangers à la vie de saint Remi, garnissent les chapelles du même côté ; on voit à d'autres endroits quelques tableaux intéressants, notamment deux volets offrant à l'intérieur, d'un côté les trois vertus théo-

---

1. Une vue de l'église Saint-Remi se trouve, avec d'autres vues des monuments de Troyes, dans les *Voyages pittoresques*, du baron Taylor. (*Champagne*, t. II. — Cf. Arrauyae, *Troyes et ses environs*, p. 131.

2. Voir le *Répertoire archéologique du département de l'Aube*, par M. d'Arbois de Jubainville. 1861, p. 134 à 142.

logales et, de l'autre, la *Miséricorde* offrant une fleur, la *Vérité*
les mains tendues, et la *Justice* tenant une épée et une balance.

Nous n'avons plus à mentionner, relativement à la vie de
saint Remi, que les six scènes du vitrail moderne de la fenêtre
du milieu à la chapelle du fond de l'abside. Elles sont toutes
accompagnées de légendes au bas, et au milieu se voit la signature V. L. (Vincent Larcher) et la date : *Année MDCCCLIV(?)*.
L'église n'a plus d'anciens vitraux, mais quelques-uns des
nouveaux sont très soignés et sortent des ateliers de M. Didron.

Nous arrivons à un autre souvenir, tout troyen celui-là, et
très important dans l'histoire de l'art français, celui de Girardon.
Ce grand sculpteur naquit sur la paroisse Saint-Remi et la
dota d'un crucifix en bronze, chef-d'œuvre qui surmonte
aujourd'hui le maître-autel, de deux colombes qui n'existent
plus, et d'un bas-relief en marbre blanc, fixé à une colonne
avec une longue inscription relatant ses pieuses dispositions à
l'égard de sa ville natale. Ce crucifix, à l'origine, se trouvait à
l'entrée du chœur, au-dessus d'une clôture où probablement
il servait de Christ à l'arc triomphal ; il y était assurément
beaucoup mieux placé pour la vue et pour la décoration de
l'édifice qu'il ne l'est à sa place actuelle, et même qu'il ne
serait en face de la chaire. Deux figures, l'une du Christ,
l'autre de la Vierge, posées sur les côtés du maître-autel,
seraient aussi des productions de ce grand maître[1].

Église de la Madeleine. — On y trouve à la fois des spécimens fort appréciés de l'architecture du xiiᵉ siècle dans la nef
et le transept, un chœur et une abside du xviᵉ siècle, avec des
vitraux d'un merveilleux coloris, et un jubé de la même époque
dont la renommée est universelle.

Ce qui frappe dans les parties anciennes du monument, ce
sont les chapiteaux des colonnes et la galerie du triforium
dont la hauteur et l'arcature ont des proportions inusitées. Dans
la portion du xviᵉ siècle, dont la suture est très visible derrière
le jubé, le grand mérite de l'œuvre, c'est sa décoration par la
sculpture prodigieuse du jubé (1508) et la richesse de dessin
et de tons des verrières dans le pourtour des chapelles. On va
de l'une à l'autre de ces grandes baies, presque toutes intactes
dans leur ensemble, et l'on ne sait laquelle préférer, de la

---

1. Un autre Christ de Girardon, sculpture sur bois des plus expressives,
se voit encore au-dessus du maître-autel de l'église de Saint-Riquier
(Somme), où nous l'avons admiré le 3 juillet 1893, en le comparant par la
pensée avec le Christ de Saint-Remi de Troyes.

Création du Monde, de l'*Arbre de Jessé*, des scènes de la *Passion*, ou des histoires de *saint Éloi* et de *saint Louis*. Des légendes courent autour des scènes qu'elles décrivent ; on y peut aussi distinguer la devise très heureuse d'un donateur : *De bien en mieux* [1].

Après avoir tour à tour fixé chacune de ces fenêtres, on revient au transept pour se pénétrer de l'art et du goût déployés par Jean de Gualde dans la construction du jubé : on y monte par un escalier placé sur la droite en entrant dans le chœur ; on se rend compte de sa largeur, de sa hardiesse et de sa solidité, dont l'architecte a comme garanti à jamais la durée en demandant à être inhumé au-dessous. Sa balustrade est ajourée et recouverte d'ornements qui se détachent l'un de l'autre sans confusion ; les arcatures retombent sur d'élégants culs-de-lampe.

Pourquoi, hélas ! a-t-on badigeonné cette dentelle de pierre d'un ton blanc écru ? Pourquoi aussi garde-t-on au-dessous une assez haute grille sans caractère, qui masque à elle seule le sanctuaire beaucoup plus que le jubé ?

Durant cette visite trop rapide, les vitraux ont fait oublier les tableaux, et il faut sortir pour s'arrêter encore un instant dans la rue voisine devant la porte gothique du xvıe siècle de l'ancien cimetière de la Madeleine. Pas de répit dans une visite à travers les monuments de Troyes !

Église Saint-Nicolas. — Le portail du sud est couvert d'inscriptions qu'il serait intéressant de lire et de copier [2], travail impossible, car nous devons contourner l'édifice pour y entrer à l'ouest sous une vaste tribune qui forme une grande chapelle. On y accède par un large escalier, au haut duquel se dresse la belle statue de l'*Ecce homo*, par Gentil, chef-d'œuvre devant lequel on s'arrête malgré soi ; le socle porte sur des plaques de marbre quelques textes de l'Écriture admirablement appliqués au sujet. L'harmonie est visible entre ces

---

1. Voir plusieurs de ces légendes, ainsi que de nombreux détails sur toutes les églises, dans le volume du *Congrès archéologique de Troyes*, 1853, p. 235 et suiv. — Voir aussi une étude toute récente, *L'Église de la Madeleine à Troyes*, thèse de l'École des Chartes, par P. Hoppenot, dont il est question dans le *Bulletin monumental*, t. LVIII, 1893, p. 72-73. — *L'Église Sainte-Madeleine de Troyes au XVe siècle, description de ses vitraux*, par Alexandre Assier, notice dans les *Archives curieuses de la Champagne et de la Brie*, Paris, Techener, 1853, p. 51 à 59.

2. On les trouvera dans les *Mémoires de la Société Académique de l'Aube*, transcrites par M. l'abbé Tridon, au t. XVII de la collection.

textes et le génie de l'artiste, et par surcroît, quelle beauté plastique dans le corps de l'Homme-Dieu! La chapelle du Calvaire, récemment restaurée, est recouverte d'une voûte avec pendentifs et ornée au fond de son sanctuaire de peintures murales. Dans un coin, nous découvrons plusieurs fines statuettes en pierre du xvıe siècle, qui attendent des culs-de-lampe et une meilleure place.

L'église, entièrement du xvıe siècle, ne le cède en rien à la tribune : elle est remplie de retables, de vitraux, de tableaux, de statues, de bas-reliefs qui vous sollicitent sans jamais vous lasser. La chaire, en bois du xvıie siècle, est à elle seule une attraction de premier ordre, par sa riche ordonnance et ses panneaux qui retracent la vie de saint Nicolas. Les bas côtés sont très étroits, mais ils offrent des vues de profil variées et pittoresques sur tous les côtés du monument, sur les portes et les escaliers. C'est un assemblage un peu enchevêtré, mais plein de vie et de grâce.

Au bas de la nef, du côté nord, une enceinte murée représente le sépulcre du Sauveur, et au-dessus se dresse un magnifique *Christ* du xvıe siècle ; c'est le Christ ressuscitant, rival de celui de Gentil. Les vitraux en tons jaunes représentent la *Légende de l'Hostie*, puis les *Béatitudes*, etc. Nous avons remarqué aussi les panneaux en bois à trois compartiments, où sont peintes les deux scènes animées du *Baptême* et de la *Confirmation*.

Église Saint-Pantaléon. — L'entrée par le portail de l'ouest (très disgracieux au dehors) nous procure un saisissant aspect de l'édifice : cette longue nef, ce transept, et ces bas-côtés si étroits, cette voûte en bois si élevée au milieu, cette multitude de statues, les unes alignées devant les colonnes, les autres enfoncées dans les chapelles, ces tableaux remplissant les arcades des travées, ces vitraux aux reflets jaunes et blancs, toute cette profusion et cette singularité vous impressionnent profondément. C'est une toute autre impression que celle produite tout à l'heure par l'abside de Saint-Urbain, mais c'en est une non moins vive et féconde. On est loin de l'art du moyen âge et même des formes ordinaires de la Renaissance : on est dans une église des xvıe et xvıie siècles, et surtout l'on est dans une église de Troyes.

Les statues vous attirent d'abord, et celles de la nef en premier lieu : voici, à droite en entrant, le *saint Jacques* de Dominique Florentin, plus loin son *saint Nicolas*, au fond ses

deux ravissantes allégories de la *Foi* et de la *Charité*. Voici,
en face de la chaire, cette Vierge assise, œuvre d'un artiste
inconnu du xvi° siècle. En présence de ces créations si vivantes,
les bas-reliefs en bronze de la chaire, si correctement modelés
par Simart, vous semblent compassés et froids.

Au bas du collatéral sud, c'est une fourmilière de statues,
dont les *Saintes Femmes* et le *Saint Pierre* de Gentil sont les
plus saillantes. Mais où le maître s'est surpassé, où il est
incomparable, c'est dans le groupe, posé un peu plus loin, qui
représente *saint Crépin et saint Crépinien*. Les deux pieux
ouvriers travaillent à leur établi avec une placide sérénité,
quand ils sont mis en arrestation par deux hommes d'armes,
vêtus en riche costume du xvi° siècle. C'est tout un poème
qui ressort de ces figures d'une expression si vraie, si pure et
si touchante. Avec le groupe de la *Visitation*, que nous ren-
contrerons tout à l'heure à Saint-Jean, et les statues du tombeau de La Moricière que nous noterons plus tard au Musée,
nous aurons atteint la plus haute expression de l'art ancien ou
moderne. c'est-à-dire du beau absolu.

Les fenêtres, largement ouvertes tout autour de l'édifice,
déroulent aussi de vrais poëmes dans leurs panneaux en gri-
sailles : *Une scène de bataille, l'Histoire de Daniel, le Festin
de Balthazar*, etc. Les grilles étaient fermées à la hauteur du
chœur, nous n'avons pu faire le tour du sanctuaire, et nous
sortîmes n'ayant pu également donner qu'un rapide coup d'œil
aux grandes toiles de Carrey et d'Herluison, retraçant la vie
de saint Pantaléon.

La porte du sud est décorée à l'extérieur de jolies sculptures
flamboyantes, et l'aspect du chevet, construit dans le même
style, n'est pas moins décoratif. Il offre une grande masse
carrée, dont les niches et les fenêtres sont fort bien découpées.
En outre, trois inscriptions latines en lettres gothiques s'y
lisent dans la hauteur : deux se trouvent au sommet avec les
dates de 1524 et de 1527, rappelant un incendie le jour de
saint Urbain, qui nécessita la reconstruction de l'église, et se
terminent par cet appel à la bourse des fidèles, appel dont la
forme heureuse serait toujours de mise :

Ergo, christicole, vestros diffundite nummos
Hoc opus ut vestra perficiatur ope.

L'inscription du bas offre le fac-simile, avec les sceaux,
d'une bulle accordant des indulgences pour cette reconstruction qui suscita la création de tant de chefs-d'œuvre.

Église Saint-Jean. — A Saint-Jean, l'effet produit par l'édifice est moins original qu'à Saint-Pantaléon, mais il est surprenant à trois égards : par la longueur et l'étroitesse de la nef, par la majestueuse ordonnance du retable du maître-autel, et par les splendeurs des vitraux et des sculptures des chapelles absidales.

De la nef et des bas-côtés qui datent des xive et xvie siècles, nous ne dirons rien, sinon qu'on y voit quelques vitraux, entre autres le *Jugement de Salomon.* Le chœur est beaucoup plus élevé, sa voûte est soutenue par des nervures à pendentifs. Le retable du sanctuaire se trouve masquer le fond de l'abside, mais, outre que ce retable est à lui seul un monument capital, il ne nuit pas en réalité à la perspective générale de l'édifice. Au contraire, il forme un premier fond en rapport avec l'élévation de la voûte, et il laisse deviner derrière lui le reste des merveilles que contient l'édifice. C'est là, en effet, que l'on découvre le vitrail de la *Cène,* et au-dessous le magnifique bas-relief figurant le même sujet, attribué à Jacques Julyot. D'autres bas-reliefs placés plus bas et d'un fini exquis complètent la décoration de la chapelle de la *Communion.*

C'est dans une chapelle voisine du chœur, vers le sud, que se trouve appliqué au mur le groupe célèbre de la *Visitation,* œuvre de la fin du xve siècle ou du commencement du xvie, qui a été moulée pour le musée du Trocadéro. Ces deux femmes, si réellement vivantes par les traits du visage, ne sont pas moins bien costumées et très complètement munies de tout leur attirail, le trousseau de clefs, le chapelet, etc. Elles parlent véritablement entre elles et se saluent avec amour.

Nous passons, sans pouvoir nous y arrêter, devant beaucoup d'autres curiosités du pourtour, car il nous a fallu à la hâte monter à l'escalier de la tourelle qui aboutit au logement d'un obligeant sacristain, chargé d'écarter pour les visiteurs les rideaux qui masquent les tableaux de Mignard au maître-autel. Ce retable est tout un monument et surmonte une décoration déjà très riche par elle-même, due au ciseau de Girardon. Deux anges en bronze sont agenouillés à la porte du tabernacle, des figures du Christ et de la Vierge, des vases, également en bronze, garnissent le gradin. Quant à Mignard, dont Saint-Jean était la paroisse natale, il s'est chargé de peindre le vaste tableau encadré entre les quatre colonnes de marbre qui supportent un gigantesque fronton : il y a représenté le *Baptême de Notre-Seigneur, par saint Jean,* et plus haut, dans la partie supérieure du retable, il a peint le *Père*

Eternel, contemplant cette scène[1]. Entre les deux tableaux, on lit sur le marbre le texte sacré : *Hic est filius meus dilectus, in quo mihi bene complacui*. Au sommet, deux anges sont assis et sonnent de la trompette sur les rampants du fronton triangulaire que domine la croix. L'ensemble est vraiment imposant, il sert en outre de support à d'incomparables œuvres d'art[2].

A l'extérieur, l'église Saint-Jean, avec les masures accolées à ses flancs, avec sa haute et étroite tour surmontée de la cloche et des timbres d'une horloge, offre un profil bien caractéristique du moyen âge. On croirait en voir sortir le cortège du funeste mariage qu'on y célébrait en 1420, celui d'Henri de Lancastre avec Catherine de France. Neuf ans plus tard, Jeanne d'Arc chassait les Anglais de la ville de Troyes, et venait peut-être prier dans ce sanctuaire où avait été signé le pacte impie.

II. — Monuments civils.

Si les débris antiques et les fortifications du moyen âge ont disparu de l'enceinte de Troyes, ses vieilles maisons en bois, ses rues étroites et hautes sont en voie de disparaître de la cité comme du reste de la ville[3]. On y voit cependant encore bien des profils et des perspectives pittoresques : en ce genre, nous avons remarqué les environs de la Banque, les abords des églises, les angles de quelques vieux hôtels avec tourelle en saillie, dont le plus gracieux spécimen est l'hôtel de Marisy. L'hôtel des Ursins, rue Champeaux, nous attirait par les sou-

---

1. D'après un renseignement fourni par le sacristain, la toile du *Baptême de Notre-Seigneur* est signée au bas, à gauche : *P. Mignard pinxit. 1675.* — Le sujet a été reproduit bien des fois d'après lui. Nous pouvons citer notamment une reproduction des deux tableaux superposés, le *Baptême* et le *Père Eternel*, au retable en bois du maître-autel de l'église de Brienne (canton d'Asfeld, Ardennes). Ces deux toiles, bonnes copies bien conservées, sont dues au pinceau de Jacques Wilbaut, peintre de Château-Porcien, auquel la fabrique les commanda en 1780.

2. Ce superbe retable faillit être démoli au dernier siècle : « On aura peine à le croire ; mais le fait est certain : il y a quelques années, les Paroissiens de Saint-Jean furent tentés de renverser cet Autel respectable à tant d'égards, pour se procurer un colifichet en marbre de Rance ou de Merlemont : sur les dessins sans doute de quelque Architecte assez ignorant ou assez imbécile pour consentir à la démolition de l'ancien Autel. » *Ephémérides Troyennes pour l'année bissextile M.DCC.L.XIV*, p. 51. Dans ce volume on trouve, sous le titre de *Curiosités et singularités de la ville de Troyes*, une revue très détaillée des monuments et de leurs œuvres d'art.

3. Voir une vue et une notice sur la *Rue du Domino à Troyes* dans la *Revue de Champagne et de Brie*, t. IV, p. 324.

venirs de la famille dont il est le berceau, mais il fallut y renoncer.

Nous avons seulement visité deux hôtels du xvie siècle. Le premier et le mieux entretenu est l'Hôtel de Vauluisant, transformé en Cercle du Commerce, et remarquable par sa façade flanquée de deux tourelles et par la belle cheminée de sa grande salle. Le second, l'Hôtel de Mauroy, rue de la Trinité, est bâti très simplement en briques et en bois, mais il possède une vaste cour entourée d'une galerie et des colonnettes d'une délicatesse et d'une élégance rares. On y garde l'illusion complète de ce que cette demeure pouvait être il y a trois siècles, et de l'animation qui devait régner au centre de ces quatre corps de logis, ouvrant sur deux rues, dans un quartier populeux. La vie sociale fut constamment animée à Troyes[1].

Il nous resterait à parler des monuments proprement dits, mais l'impression des touristes est à peu près nulle, pour ne pas dire désagréable à cet égard. En effet, il n'y a point de monuments modernes à citer : le Palais de Justice a l'aspect d'un cénotaphe antique, étrange conception pour l'art et pour l'histoire au sein d'une ville gothique et renaissance. Des monuments anciens, il ne reste que l'Hôtel-de-Ville (1624-1670). Celui-là aurait certes du caractère s'il avait été entretenu et mieux garanti contre mille causes de dégradations, presque de ruine. Sa façade, assez large, ornée de pilastres au rez-de-chaussée et de colonnes en marbre à l'étage, est percée de deux rangs de six fenêtres, avec une porte carrée au milieu, surmontée d'une niche qui contint primitivement une statue de Louis XIV et abrite maintenant une Minerve. Les vanteaux de la porte sont encore ceux de l'époque, offrant des cartouches en reliefs. Un campanile surmonte la toiture.

A l'intérieur, l'Hôtel-de-Ville conserve aussi des traces de sa décoration primitive, une belle cheminée dans une pièce du rez-de-chaussée, et dans la grande salle du premier étage, le médaillon en marbre blanc, offrant le portrait de Louis XIV, par Girardon. Quelques tapisseries du xviie siècle, restes de l'ancien mobilier, et surtout un fonds de précieuses archives communales[2], forment la vraie richesse de l'édifice, car pour le

---

1. *Les soirées de la rue du Bourg-Neuf* (1787-1788) *chez le conseiller J.-B. Comparot de Longsols, d'après la correspondance inédite de ce magistrat*, par l'abbé Etienne Georges, de Troyes ; in-8º, Troyes, 1888.

2. *Lettres missives des XVᵉ et XVIᵉ siècles, conservées aux Archives municipales de la ville de Troyes*, publiées par Henri Stein, dans l'*Annuaire-Bulletin de la Société de l'Histoire de France*, t. XXV, année 1888.

surplus, au-dedans comme au dehors, il n'offre que misère et délabrement. La cour sert de passage public et ne présente que des façades sans caractère. Il est grand temps que l'ancienne capitale de la Champagne, le chef-lieu de département de l'Aube, relève le prestige de son palais municipal.

Nous n'avons rien à dire de la Préfecture, qui occupe les bâtiments modernisés de l'ancienne abbaye de Notre-Dame-aux-Nonnains, et a subi, le 6 mai 1892, les dévastations d'un incendie. Heureusement, les Archives départementales, isolées dans un bâtiment spécial, ont échappé aux risques de ce dangereux voisinage.

Toute notre attention se concentre sur l'ancienne abbaye de Saint-Loup, qui contient les trésors historiques, littéraires et artistiques de Troyes, installés ceux-là, presque tous, comme il convient pour l'honneur de la capitale d'une province.

III. — BIBLIOTHÈQUE ET MUSÉE.

Au nord de la cathédrale s'étendait un vaste monastère de chanoines réguliers, dont il ne reste qu'un bâtiment du dernier siècle, avec une partie de son cloître cintré en avant. Une cour sur la rue et un jardin derrière, donnaient à ce local toutes les facilités d'agrandissement désirables. On en a profité et, grâce à des largesses faites à la ville dans ce but, des ailes, en avant et en arrière, ont été successivement ajoutées au corps principal. Mais l'ensemble est encore aujourd'hui insuffisant. En effet, la Bibliothèque réclame une installation nouvelle, les collections d'histoire naturelle seraient beaucoup mieux placées à l'étage supérieur qu'au rez-de-chaussée, et le musée lapidaire serait avantageusement reporté à l'intérieur du bâtiment.

En franchissant la grille, on découvre dans la cour et sous le cloître tout l'arrangement du Musée lapidaire, où l'on examine d'abord le dolmen rapporté des environs de Nogent-sur-Seine et parfaitement reproduit, des margelles de puits avec leurs armatures en fer, des statues, des tombeaux ; puis, sous les galeries, l'on trouve les objets de moindres dimensions, les épitaphes, les chapiteaux, les médaillons, les bas-reliefs, les enseignes, les plaques de cheminée, etc. La célèbre inscription qui surmontait la porte du collège fondé par Pithou a été sauvegardée[1], ainsi que les nombreux débris historiques pro -

---

1. COLLEGIUM TRECOPITHŒANUM, avec la devise en grec : « Tois Nomois Pcitou ». Une vue de la porte de l'ancien édifice se trouve en tête de la notice

venant des démolitions de chaque jour. L'espace disponible est rempli ; bientôt on songera à créer un débouché et à préserver en même temps des intempéries les plus délicates sculptures qui commencent à se détériorer.

La porte qui s'ouvre au milieu du cloître donne sur les salles du Musée d'histoire naturelle, qui occupe tout le rez-de-chaussée. La salle d'entrée est obstruée par l'énorme piscine en mosaïque de Neuville-sur-Seine ; derrière elle, nous lisons les noms des bienfaiteurs et des principaux donateurs des différents musées, dont l'organisation et la direction ont été confiées, dès l'origine, au zèle et à la sollicitude des membres de la Société académique de l'Aube.

Les salles latérales sont vastes, mais étant éclairées d'un seul côté, l'humidité paraît les envahir. Les collections d'antiquités préhistoriques, d'ornithologie, de minéralogie, etc., s'étendent au long et au large ; nous ne les décrirons pas, nous signalerons seulement la haute cheminée de 1541, couverte de scènes historiées, qui a été naguère enlevée de l'hôtel Chapelaines et reportée au fond de la salle de gauche.

Nous montons à l'étage par un escalier de l'époque, avec une balustrade en bois ; la cage n'est pas large, mais ne manque pas de caractère.

A tout seigneur tout honneur, la Bibliothèque a été disposée dans la grande galerie du bâtiment principal, comprenant en hauteur deux étages réunis en un seul, et en largeur toute l'étendue entre les pavillons. Cet espace, immense en tous sens, est éclairé par de hautes fenêtres sur la cour, et garni sur les autres faces de rayons de livres à une élévation prodigieuse. L'échelle roulante destinée à parvenir à la dernière de ces dix-huit rangées, est probablement unique en France ; les échelles portatives n'atteignent qu'à une moindre altitude, mais on y peut encore facilement être atteint de vertige, surtout en cherchant ou en portant des volumes. Le plafond présente çà et là des fissures par où l'eau a coulé, et il est devenu nécessaire, par mesure de précaution, de l'étayer à l'aide d'énormes poutres sur toute l'étendue de la salle. Le coup d'œil de l'ampleur totale du dépôt est perdu, et le service s'y est trouvé impraticable ; il était urgent, dès lors, d'enlever les manuscrits, les incunables, et les livres à vignettes des montres placées au-dessous des fenêtres. La salle de lecture a dû être

de M. Gustave Carré, *Souvenirs du collège de Troyes*, Troyes, 1883, in-8°.

reléguée dans un couloir du rez-de-chaussée, et il faut au vaillant bibliothécaire, M. Det, une double dose d'activité pour suffire à la manœuvre dans ce vaisseau désemparé. Sa bonne volonté n'y manque pas, ni sa persévérance dans la publication des catalogues. Bientôt la ville, nous l'espérons, opérera le transfert de ses cent mille volumes dans l'aile récemment construite au sud avec un vrai luxe architectural, après en avoir toutefois permis l'accès par l'adjonction d'un escalier, et facilité le service par une installation conforme aux besoins modernes. Les travailleurs y viendront plus nombreux ; l'histoire et la littérature locale en profiteront [1].

Nous savions par avance combien étaient précieux ces fonds de manuscrits et d'imprimés, provenant des anciennes abbayes et des chapitres de la ville, de l'abbaye de Clairvaux, du président Bouhier, des frères Pithou, etc. [2]. Nous en sommes encore certains, mais nous n'avons pu apprécier un seul de ces volumes au milieu d'un tel encombrement, et notre examen s'est borné à admirer, comme ils méritent de l'être, la suite des vitraux provenant de l'hôtel de l'Arquebuse. Ces nombreux panneaux, étonnants prodiges de finesse et de vérité, ont été peints par Linard Goutier pour célébrer les victoires de Henri IV, son entrée à Troyes après la Ligue, la naissance de Louis XIII et les témoignages d'attachement des Troyens envers la cause royale. Le *Portefeuille archéologique de la Champagne* reproduit en couleur la scène du triomphe du Béarnais à son arrivée dans la capitale de la Champagne [3].

De la Bibliothèque, on monte au Musée de peinture en reprenant l'escalier de bois, et l'on entre dans une salle étroite,

1. Les productions littéraires éclosent à Troyes depuis quelques années ; nous citons, bien volontiers, celles de M. Louis Morin : *Piécettes, menue monnaie poétique*, in-8°, Troyes, 1887, et *Une visite intéressée, pièce en un acte, représentée pour la première fois au théâtre de Troyes le 24 décembre* 1891, in-18, Paris, 1892. En même temps, M. Louis Morin poursuit des recherches sur les origines et l'histoire de l'imprimerie à Troyes. Elles viennent de paraître pour notre siècle, sous ce titre : *Histoire des imprimeries de Troyes depuis* 1789, *et des autres imprimeries du département de l'Aube depuis leur fondation.* — Troyes, Dufour-Bouquot, 1893, gr. in-8° de 64 p., notice détaillée et très utile.

2. Citons une récente étude sur l'un de ces fonds : *Les manuscrits de la Théologale de Troyes*, par Léon Dorez, dans la *Revue des Bibliothèques*, novembre 1892, p. 473 à 480.

3. Consulter une étude plus récente et puisée aux sources : *Linard Goutier et ses fils, peintres verriers* par M. ALBERT BABEAU, correspondant de l'Institut, *Troyes*, 1888, in-8° de 55 pages avec 2 planches des vitraux de la Bibliothèque de Troyes (Extrait de l'*Annuaire de l'Aube*, 1888).

BIBLIOTHÈQUE DE TROYES

peu éclairée, où sont suspendus des aquarelles et des dessins
offrant des vues de Troyes et des environs. De là, on pénètre
dans la première, puis dans la seconde galerie, l'une et l'autre
spécialement construites successivement pour l'installation
des tableaux. L'architecture en est simple au dehors et la décoration sobre au dedans ; le jour vient du plafond et se répartit
également sur toutes les surfaces garnies de toiles de haut en
bas.

Au milieu et aux extrémités des galeries se trouvent des
vitrines de différentes formes, contenant les collections d'art et
d'antiquités trop entassées en général. Les richesses de ce
genre demandent plus d'étendue et aussi un classement plus
méthodique, plus spécial[1]. Un jour, certainement, toutes les
séries diverses seront réparties en catégories distinctes dans un
Musée archéologique proprement dit ; les poteries, les faïences
et céramiques, les émaux, les statuettes, les armes, les coffrets, les médaillons et les sceaux formeront des suites ratta-
chées aux objets du même genre en dépôt dans les salles de
l'Histoire naturelle. Des rayons à hauteur de vue les offriront
sous le même jour que la précieuse vitrine léguée par M. Camusat de Vaugourdon. Mais, pour cela, il faut de la place,
encore de la place, c'est-à-dire de l'argent, toujours de l'argent. Nous connaissons trop les mille difficultés auxquelles se
heurtent les organisateurs de musée pour leur demander l'impossible. Et que de belles choses nous avons vues dans ces
étroites vitrines, les unes léguées, les autres données au jour
le jour par d'opulents collectionneurs, MM. Gréau, Coffinet,
Hubert, etc., etc. Entre deux vitrines se dresse la statue d'A-
pollon, en bronze recouvert d'une si riche patine, et non loin
se conservent les armes et les bijoux en or des fouilles de
Pouan, près d'Arcis-sur-Aube.

Le catalogue des tableaux est récent, clair dans ses annota-
tions et facile à consulter, parce qu'il suit l'ordre alphabétique
des peintres[2]. Mais, pour voir ce que l'on désire, il n'en faut

1. La collection de sigillographie est parfaitement homogène ; c'est un
modèle d'arrangement méthodique. Il y a longtemps que nous avions par-
couru le catalogue dressé par M. Louis Le Clert, dans les *Mémoires de la
Société académique de l'Aube*, t. L., année 1885, p. 275 à 375. — Le même
conservateur vient de publier un excellent catalogue des carreaux vernissés
du Musée.

2. *Catalogue des tableaux exposés au Musée de Troyes, fondé et dirigé
par la Société académique de l'Aube*, 4e édition, par H. Pron, conservateur.
Troyes, 1886, in-8e de 93 pages.

pas moins faire le tour de la collection entière, et personne ne
s'en plaindra. Les toiles modernes garnissent la galerie du fond,
et l'on y admire des œuvres de Cabat, de Chintreuil, de Dela-
roche, de Hesse, etc. La galerie d'entrée est décorée d'œuvres
anciennes, quelques-unes portant des noms et des sujets illustres dans l'histoire : le portrait de Claude Jolly par Philippe de
Champagne, et une *Réception dans l'ordre du Saint-Esprit*
par le même maître ; une *Scène de chasse* de Desportes ; un
superbe portrait par Van Dyck ; l'*Institution de la fête du
Saint-Sacrement* par Franck le vieux ; un portrait par Greuze ;
une esquisse de Le Brun ; deux portraits par Mignard ; quinze
scènes sacrées et profanes peintes par Natoire, entre autres un
*Saint Remi apportant à Clovis la soumission des peuples de
Reims* ; un portrait de François Pithou par Porbus ; des œuvres de Teniers, de Watteau, de Vernet et de Vien. Ajoutons
de nombreux portraits de Troyens, des vues de Troyes, de
ses monuments et de ses environs, qui sont ici parfaitement à
leur place.

Le Musée de sculpture, qui occupe le rez-de-chaussée du
Musée de peinture, a son entrée dans la cour et n'est pas
moins bien disposé et catalogué que le précédent [1]. Les noms
de Girardon, de Simart et de Paul Dubois suffiraient à la répu-
tation de ce dépôt, gardien jaloux d'œuvres d'élite de ces
grands artistes, tous enfants du pays. Le voyageur pressé, qui
ne peut fixer que les lignes saillantes de ces chefs-d'œuvre,
se trouve vivement impressionné par les bustes en marbre du
ciseau de Girardon, par la *Minerve* de Simart et par le *Tombeau de La Moricière* de Paul Dubois. Quelle netteté, quelle
vigueur, quelle puissance dans ces quatre statues d'angle du
monument funéraire du guerrier breton ! On juge peut-être
mieux de ces figures idéales sur ces maquettes bien éclairées
que sur les marbres de la cathédrale de Nantes. Nous en avons
compris l'immortelle beauté, près de laquelle pâlissent d'autres
chefs-d'œuvre du maître, si admirés pourtant : le *Chanteur
florentin* et le *Narcisse au bain.*

Il est une autre gloire du Musée de Troyes, ce sont les
bustes des Troyens illustres, sculptés par Vassé aux frais de
Grosley, et donnés par ce dernier à sa ville natale. On lit sur
les piédestaux les noms des personnages et la dédicace du

---

1. *Catalogue des sculptures du Musée de Troyes, fondé et dirigé par la
Société académique de l'Aube.* 3e édition, avec introduction signée par
M. Albert Babeau, conservateur. *Troyes,* 1888, in-8° de 108 pages.

patriotique écrivain : *Civi suo P. J. Grosley posuit libens.* C'est ainsi que P. Mignard, Girardon, P. Pithou, Ch. Le Cointe et Passerat revivent parmi leurs concitoyens, justement accompagnés d'un buste de Grosley par Romagnesi, sur le piédouche duquel on lit : *Scripta virum, dant munera civim.* Le passé glorieux s'unit ainsi au souvenir plus récent des célébrités troyennes [1].

La suite des temps amènera nécessairement un nouveau complément à cette galerie d'illustrations locales, et on y verra reproduits les traits d'artistes, d'hommes politiques et d'écrivains, parmi lesquels figurent déjà Paillot de Montabert, Simart, Casimir Perier, et auxquels est venue se joindre récemment une statue fort expressive de Danton. Nous avons été frappés du caractère très vivant du buste d'un laborieux artiste contemporain, représenté dans l'attitude habituelle de son travail, M. Ch. Fichot, qui dessine face à face quelque œuvre d'art dans une église de l'Aube.

Voilà ce qu'une trop rapide visite nous a seulement permis de voir et de louer dans ces collections, déjà importantes, d'un Musée spécial de sculpture, création probablement assez rare hors de Paris. Quelques fragments d'œuvres des maîtres de la Renaissance s'y trouvent aussi mêlés aux productions de l'art moderne, mais les églises de Troyes resteront à bien des égards les incomparables musées de l'art ancien dans cette ville. Il ne faut pas s'en plaindre, et l'on doit partout laisser autant que possible chaque chose à sa place et dans son cadre séculaire. Les Musées sont créés pour recueillir les morceaux en péril.

IV. — COLLECTIONS PARTICULIÈRES.

Ce n'est pas assez pour un touriste de parcourir les monuments et les musées, il doit avoir un aperçu des richesses réunies par les particuliers. Troyes, qui a possédé des collectionneurs de la valeur de M. Gréau, de M. le chanoine Coffinet, etc., est encore la ville de l'initiative privée en ce genre. Nous y avons visité un musée d'amateur, ouvert au public, rue du Pont-Royal, 1, tous les dimanches, sous le titre de *Musée de l'Histoire du Travail.* Cette collection a été formée et classée méthodiquement, en vue de présenter un

[1]. On trouvera d'intéressants détails sur les célébrités littéraires de Troyes aux derniers siècles dans l'*Académie de Troyes et les auteurs des mémoires publiés sous son nom*, par M. Albert Babeau, correspondant de l'Institut. *Troyes*, 1887.

résumé de l'état des arts et de l'industrie usuelle depuis les âges primitifs jusqu'à l'heure présente. L'accès en est ouvert aux étrangers avec la même affabilité qu'aux Troyens, et le propriétaire lui-même, M. Théophile Habert, associé correspondant de la Société nationale des Antiquaires de France, a bien voulu nous expliquer ses explorations, ses trouvailles, ses recherches longues et multipliées qui ont abouti à la constitution d'un véritable musée d'antiquités champenoises [1].

Le domaine de la curiosité tout entier est celui de M. Habert, qui avait formé, en céramique et faïences, un cabinet considérable et estimé [2]. Nous ne parlerons ici que de ce que nous avons vu, c'est-à-dire de sa collection historique, et encore ne pouvons-nous que l'effleurer.

Sans retrouver, pour les âges de la pierre et du bronze, l'ampleur des séries de la galerie du château de Baye, nous y voyons, en très bon ordre, des spécimens de tous genres en silex, bois, céramique, comprenant des instruments variés, des armes pour la lutte, des ustensiles pour la vie et les besoins des populations aux temps préhistoriques.

L'époque gauloise offre de magnifiques vases trouvés dans la Marne, des épées, bracelets, torques, fibules, des amulettes provenant des régions de l'Yonne et de l'Aube. — La période gallo-romaine est de beaucoup la mieux fournie : une œnochoé en bronze et un manche de patère votive avec les attributs de Mercure y forment deux pièces hors ligne. On y remarque aussi quelques statuettes en bronze, des terres cuites, un grand nombre de moules de vases, des creusets d'émailleurs, des moules de bronziers, et surtout une collection de six cents marques de potiers, sujet des recherches spéciales de M. Habert, qui va éditer sur elles une publication d'une grande importance archéologique [3].

L'époque mérovingienne et franque y est représentée par

---

1. M. Th. Habert est aussi membre de l'Association française pour l'avancement des sciences, et a communiqué au Congrès de Blois, en 1884, une notice sur la *Découverte d'un cimetière gallo-romain, à Jessains (Aube)*.

2. *Objets d'art anciens du cabinet de M. Théophile Habert*, section artistique, octobre 1890. Troyes, *Martelet*, in-8° broché.

3. *La poterie antique parlante, monographie contenant plus de 1,800 noms et marques de potiers gallo romains, 37 planches intéressant l'Aube, la Côte-d'Or, la Marne, la Haute-Marne et l'Yonne*, par Théophile Habert, archéologue.. *Paris*, C. Reinwald, 1893, 1 vol. in-4° de LII et 226 pages, avec les planches a la fin. — Cf. *Le Musée Habert à Troyes*, dans *L'Intermédiaire des chercheurs et curieux*, 10 mai 1893, p. 101.

des vases en verre, des bijoux en or et des fibules en argent trouvées à Nogent, — le moyen âge par des coffrets, clochettes, mortiers, moules de sceaux en pierre, et surtout par un épi de toiture en céramique peinte, que l'on croit dater du xiii° siècle, et qui est, en toute hypothèse, un rare type de l'élégance primitive de cette décoration, — la Renaissance et les siècles suivants jusqu'au nôtre par des objets variés : gourdes de chasse, poires à poudre, hallebardes, râpes à tabac, émaux, miniatures, horloges, machines à filer, etc. Notons une série peu nombreuse, mais intéressante, de carreaux vernissés provenant de Monticramé, l'un d'eux avec cette date et cette légende : 1644, *Lhote medcin. Hinc machre elite* (?) et un écusson chargé d'un chevron et de deux coquilles.

Ce qui donne à la plupart des pièces de la collection Habert une valeur particulière, c'est qu'elles sont accompagnées, dans la vitrine même, de fiches mentionnant leur provenance, leur état primitif et les études auxquelles elles ont donné lieu dans les recueils savants. Leur intérêt s'étend ainsi à toute la région champenoise [1].

Nous avons terminé la revue, bien superficielle et bien abrégée, des monuments et des collections que nous avons eu le plaisir de parcourir à Troyes [2]. Si ce compte-rendu est inutile au plus grand nombre des lecteurs à cause de sa brièveté et de son indigence d'aperçus nouveaux, il n'en méritera pas moins l'indulgence des archéologues champenois pour la sincérité de ses impressions et l'ardent désir de l'auteur de provoquer en tous lieux le goût et le respect des œuvres d'art. Elles abondent encore dans la vieille cité des comtes de Champagne, ces merveilles et ces exquises productions de l'architecte, du peintre et du sculpteur. Le temps et les révolutions y ont assurément beaucoup détruit, comme ailleurs, mais les œuvres qui restent du passé et celles que le présent y ajoute

1. C'est à ce titre que postérieurement à notre visite, au mois de février 1893, M. Habert a offert à la ville de Reims ses collections d'antiquités et de curiosités tout entières, avec une dotation pour leur entretien et leur accroissement. Ce Musée, qui conservera son individualité et la direction de son organisateur, devra bientôt être installé à l'Hôtel-de-Ville de Reims et ouvert au public. Il a été inauguré le 8 novembre 1893.

2. En retour de ce plaisir sans mélange que nous a procuré la visite de Troyes, nous voudrions offrir à ceux qui étudient ses annales quelques renseignements utiles. Nous croyons y arriver en faisant suivre notre récit de l'inventaire de documents inédits sur Troyes et le département de l'Aube, que possède la Bibliothèque de Reims.

chaque jour, consolent et fortifient les âmes viriles qui ne veulent pas désespérer de l'avenir de la France

Au Congrès présidé à Troyes par M. de Caumont, en 1853, on vit apparaître le comte de Montalembert. On se pressa sur ses pas, rapporte le secrétaire de la session, et on l'entendit, Dieu sait avec quelle joie secrète, répéter à deux fois au moins : *Il n'y a pas de ville en France, de même ordre, qui ait autant et d'aussi beaux monuments de l'art chrétien*. C'est la richesse la plus pure, le plus glorieux patrimoine d'une cité.

Henri JADART.

Reims, le 22 décembre 1892.

APPENDICE

—

I. — **Documents historiques manuscrits sur la ville de Troyes et sur le département de l'Aube, conservés à la Bibliothèque de Reims** (Fonds de Champagne, Don Deullin, 1875).

§ 1.

Établissements religieux de la ville de Troyes.

1. — Histoire de l'établissement du Christianisme à Troyes, par M. Massey (Edme), prêtre diocésain, 1 cahier cousu de 190 pages. pet. in-4°, sans date.

2. — Archives Troyennes, abbaye de Saint-Loup de Troyes. 1 portefeuille in-f°, comme tous les suivants de la collection des Archives Troyennes.

3 — Archives Troyennes. Abbaye de Notre-Dame-des-Prés de Troyes, 1 portefeuille.

4. — Archives Troyennes, Abbaye de Notre-Dame-des-Prés, Commanderie du Temple, 1 portefeuille.

5. — Archives Troyennes, Abbaye de Notre-Dame-aux-Nonnains de Troyes, 1 portefeuille.

6. — Exercice journalier, 1720. Ms. pet. in-18 de 273 fol., provenant de l'abbaye de Notre-Dame-aux-Nonnains de Troyes, et portant la signature : *Fr. de Choiseul de Beaupré.*

7. — Archives Troyennes, Prieuré de Notre-Dame-en-l'Ile de Troyes, 1 portefeuille.

8. — Archives Troyennes, Eglise Saint-Etienne de Troyes, 1 portefeuille.

9. — Archives Troyennes, Eglise Saint-Urbain de Troyes, 1 portefeuille.

10. — Archives Troyennes, Eglises de Troyes, Saint-Jean-au-Marché, Saint-Nicolas, St-Aventin, Sainte-Madeleine, Saint-Pantaléon, Saint-Remy, Saint-Nizier, Cordeliers, Capucins, Jacobins, Mineurs, 1 portefeuille.

§ 2.

Établissements civils, corporations, familles, biographies, mélanges historiques concernant la ville de Troyes.

11. — Archives Troyennes, Affaires de la ville de Troyes, 4 portefeuilles.

12. — Liste des officiers civils de la ville de Troyes, échevinage, bailliage, prévôté, élection, grenier à sel, collège, 1 portefeuille pet. in-4°.

13. — Election de Troyes, ville et ressort, portefeuille coté 53.

14. — Archives Troyennes, Communautés non religieuses, Bailliage, 1 portefeuille.

15. — Archives Troyennes, Communautés non religieuses, Hôpitaux, Corporations, 1 portefeuille.

16. — Statuts des charpentiers, chapelliers, tonnelliers et tourneurs, chaudronniers de Troyes ; plusieurs petites pièces de poésie. Ms. pet. in-f°, indiqué sur la couverture comme « appartenant à Alexis Socard, 1863 ».

17. — Archives de la ville de Troyes, Contrats, 1 portefeuille.

18. — Recueil de contrats relatifs à la ville de Troyes, documents originaux du XVI° siècle, 1 portefeuille.

19. — Recueil de documents originaux concernant la ville, les communautés et les familles de Troyes, 72 liasses dans autant de

chemises, avec les titres indiqués sur chacune par M. H. Menu. — On y distingue notamment une liasse de 34 pièces sur la corporation des imprimeurs-libraires de Troyes, une relation de l'entrée de Louis XIII à Troyes le 25 janvier 1629, des généalogies, vœux de religion, formules, inscriptions, levées d'impôts, etc., etc. Portefeuille coté 61.

20. — Recueil des Minutes reçues par des notaires de la ville de Troyes de 1586 à 1594. Ms. appartenant à J.-A. Jaquot, de Troyes. 1 cahier cartonné.

21. — Testamens Troyens, collection de 17 pièces originales du XVI° au XVIII° siècle, 1 portefeuille in-f°.

22. — Lettres originales des XVI° et XVII° siècles, concernant la plupart la ville et les familles de Troyes, etc. Portefeuilles en parchemin petit in-4°.

23. — Autographes Troyens, 1re série, 6 portefeuilles in-4° rangés par ordre alphabétique A.-Z.

24. — Archives Troyennes, sigillographie, archéologie, objets d'art, 2 portefeuilles.

25. — Archives Troyennes, Familles, notes et renseignements rangés par ordre alphabétique A-Z, 15 portefeuilles, dont le dernier est un Atlas avec arbres généalogiques et preuves.

26. — Familles troyennes, généalogie et biographie par ordre alphabétique, 3 cahiers brochés.

27. — Documents sur les familles de Troyes, Camusat, Pithou, La Rochefoucauld, etc. Portefeuille coté 44.

28. — Artistes Troyens, notes diverses, par catégorie de professions, 1 portefeuille.

29. — Archives Troyennes, Notaires, Littérateurs, Hommes politiques, industriels, 3 portefeuilles

30. — Archives Troyennes, Pièces diverses, mélanges, résidus, etc. 5 portefeuilles de papiers non classés, manuscrits divers.

31. — Troyenneries, Mélanges, le premier cahier commencé

en juin 1843 par J.-A. Jaquot, 3 cahiers pet. in-4°.

32. — Catalogue des Livres de Louis-François Labouret, cahier pet. in-4° relié en parchemin, sans date (XVIII° siècle).

33. — Matériaux pour l'Histoire littéraire de Troyes, pour les Annales Troyennes et pour l'histoire des environs de Troyes, 3 portefeuilles pet. in-4°.

§ 3.

Renseignements sur diverses localités des environs de Troyes et sur la biographie de l'Aube.

34. — Ville de Troyes et département de l'Aube. Mélanges. Portefeuille 52.

35. — Histoire des villes et villages les plus notables du département de l'Aube, par J.-A. Jaquot (22 mars 1833), 1 cahier cartonné de 139 p. pet. in-4°.

36. — Renseignements inédits sur quelques localités du département de l'Aube, cantons de Troyes, 1 portefeuille.

37. — Archives Troyennes, Banlieue de Troyes, Villechétif, canton de Troyes, cantons de Lusigny, Piney, cantons de Bouilly, Aix-en-Othe, Ervy, histoire des communes des environs de Troyes, communes d'Assencières, communes de Mesnil-Scellières, Vendœuvre, Arrondissements d'Arcis, Bar-sur-Aube, Nogent, Bar-sur-Seine et communes étrangères au département de l'Aube, 10 portef.

38. — Fief et seigneurie de la Rivière-de-Corps, pièces diverses, renseignements. 3 portef. et pièces d'archives classées à part dans les cartons des Archives de Reims.

39. — Longsols et autres localités du département de l'Aube, 1 portefeuille.

40. — Notes diverses sur Geoffroy de Villehardouin, 5 cahiers pet. in-4°.

41. — Notice sur Nicolas Bourbon de Vandœuvre, par J.-A. Jaquot, 1 portefeuille pet. in-4°.

42. — *Nugæ Nugarum*, Re-

cueil de pièces concernant Désiré-Jacquot de Vandœuvre, cahier cart. pet. in-4° de 229 p.

43. — Recueil de pièces rela-

tives aux Jaquot, de Vandœuvre. 1 cahier non cartonné, petit in-4° de 209 p.; plus les documents et la généalogie.

II. — Inventaire d'une suite de dessins exécutés par M. Ch. Fichot, en 1849, sous le titre : Autour des rues de Troyes, et acquis en 1890, par M. Léon Morel, receveur particulier des Finances, en retraite à Reims.

Grandes planches, aquarelles.

1. — Maison, rue Champeaux, n° 12.

2. — Maison, rue de l'Épicerie.

3. — Maisons, rue de Grande-Tannerie, n°s 82, 84.

4. — Maison de l'Élection, rue de la Monnaie.

5. — Maisons, rue Saint-Jacques, n°s 52, 54.

6. — Maison, rue du Marché-aux-Herbes (la Poissonnerie), portant la date de 1576.

7. — Hôtel de Mauroy, rue de la Trinité, cour très pittoresque du XVIᵉ siècle.

8. — Maisons, rue St-Jacques.

9. — Maisons, rue de la Cité, n°s 36, 38.

10. — Vue d'angle de la rue du Temple et de la rue de la Montée-des-Champs.

11.—Ruines du couvent des Jacobins, après la démolition du cloître.

12. — Même sujet, vue opposée.

13. — Les Boucheries, 1849.

Grandes planches, dessins au crayon.

14. — Portes d'hôtels, près la cathédrale, 1848.

15. — Mêmes sujets, vues diverses.

16. — Séminaire diocésain, récupéré en 1816.

Ces seize remarquables dessins, dont treize en couleur, proviennent de la collection Camusat de Vaugourdon, et furent vendus en 1890 au château de Haute-Fontaine. Il est utile d'en signaler l'existence aux amis des monuments de Troyes, et nous leur apprenons avec plaisir qu'ils sont entre les mains d'un amateur libéral et éclairé qui nous a permis d'en publier les titres.

Henri JADART.

TABLE GÉNÉRALE

DES

Excursions en Champagne et en Brie

(Octobre-Décembre 1892.)

———

TROISIÈME EXCURSION

Arcis-sur-Aube. — Imprimerie Léon Frémont.

www.ingramcontent.com/pod-product-compliance
Lightning Source LLC
Chambersburg PA
CBHW052138090426

42741CB00009B/2129